dtv

Ein altes englisches Herrenhaus, ein vermeintlich idyllischer Landsitz, eine etwas heruntergekommene, aber plüschig behagliche Pension: Das Grauen haust vorzugsweise in alten Gemäuern. Spukhäuser gehören zur englischen Gruselliteratur wie das Gespenst zur Mitternacht. Es sind die Geister ehemaliger Bewohner, die dort ihr Unwesen treiben und sich aus dem Jenseits für ergangenes Unrecht rächen. Gerät ein unschuldiger Zeitgenosse in ein Spukhaus, mag die Atmosphäre auf den ersten Blick anheimelnd und einladend wirken. Doch bald schon häufen sich die Zeichen des Unheimlichen und Übernatürlichen. Und mit der Nacht kommt die Geisterstunde.

M. R. James, H. G. Wells, Saki, Joseph Sheridan Le Fanu und Roald Dahl – Klassiker des Genres in englisch-deutschem Paralleldruck

*Anne Rademacher* studierte Anglistik und Germanistik, war etliche Jahre als Verlagslektorin tätig und arbeitet heute als freie Lektorin, Übersetzerin und Herausgeberin. In der Reihe <u>dtv</u> zweisprachig sind mehrere Bände von ihr erschienen.

# Haunted Houses
# Spukhäuser

Englische Gruselgeschichten

Herausgegeben von
Anne Rademacher

Deutscher Taschenbuch Verlag

dtv zweisprachig

Ausführliche Informationen über
unsere Autoren und Bücher
finden Sie auf unserer Website
www.dtv.de.

2012 Deutscher Taschenbuch Verlag GmbH & Co. KG,
München
Die Übersetzung ist urheberrechtlich geschützt.
Sämtliche, auch auszugsweise Verwertungen bleiben vorbehalten.
Umschlagkonzept: Balk & Brumshagen
Umschlagmotiv: Nico Schönicke unter
Verwendung eines Fotos von Dee Counter-Griffis
Satz: Greiner & Reichel, Köln
Druck und Bindung: Kösel, Krugzell
Gedruckt auf säurefreiem, chlorfrei gebleichtem Papier
Printed in Germany · ISBN 978-3-423-09511-2

# INHALT

M. R. JAMES
Lost Hearts

It was, as far as I can ascertain, in September of
the year 1811 that a post-chaise drew up before
the door of Aswarby Hall, in the heart of Lincoln-
shire. The little boy who was the only passenger
in the chaise, and who jumped out as soon as it had
stopped, looked about him with the keenest curiosity during the short interval that elapsed between
the ringing of the bell and the opening of the hall
door. He saw a tall, square, red-brick house, built in
the reign of Anne; a stone-pillared porch had been
added in the purer classical style of 1790; the windows of the house were many, tall and narrow, with
small panes and thick white woodwork. A pedi-
ment, pierced with a round window, crowned the
front. There were wings to right and left, connected
by curious glazed galleries, supported by colon-
nades, with the central block. These wings plainly
contained the stables and offices of the house. Each
was surmounted by an ornamental cupola with a
gilded vane.

An evening light shone on the building, making
the window-panes glow like so many fires. Away
from the Hall in front stretched a flat park studded
with oaks and fringed with firs, which stood out
against the sky. The clock in the church-tower, buried in trees on the edge of the park, only its golden
weather-cock catching the light, was striking six,
and the sound came gently beating down the wind.

M. R. JAMES
Verlorene Herzen

Man schrieb, soweit ich ermitteln konnte, den September des Jahres 1811, als vor dem Eingangsportal von Aswarby Hall im Herzen Lincolnshires eine Postkutsche vorfuhr. Kaum hatte der Einspänner angehalten, sprang auch schon der einzige Passagier, ein kleiner Junge, heraus und sah sich in dem kurzen Moment zwischen dem Läuten der Glocke und dem Öffnen der Haustür recht lebhaft und neugierig um. Sein Blick fiel auf ein großes, eckiges, rotes Backsteinhaus aus der Zeit von Königin Anne, das man um ein steinernes Säulenportal im eher klassizistischen Stil von 1790 erweitert hatte. Das Haus hatte zahlreiche schmale, hohe Fenster, deren kleine Scheiben von breiten weißen Holzsprossen eingefasst waren. Über der Frontseite erhob sich ein von einem runden Fenster durchbrochener Giebel. Rechter und linker Hand erstreckten sich Flügelbauten, die mit dem Hauptgebäude durch fremdartig anmutende, verglaste Kolonnaden verbunden waren. Hier befanden sich offenkundig die Stallungen und Verwaltungsräume des Anwesens. Jeder Flügel wurde von einer Zierkuppel mit vergoldeter Wetterfahne gekrönt.

Im Licht des Abends erglühten die Fensterscheiben des Gebäudes wie unzählige Feuer. Vor dem Herrenhaus erstreckte sich ein weitläufiger Park mit zahlreichen Eichen, dessen Grenzen von hoch in den Himmel ragenden Tannen gesäumt waren. Die Uhr des Kirchturms, der versteckt hinter den Bäumen am anderen Ende des Parks lag und von dem allein der goldene Wetterhahn das Licht auffing, schlug sechs. Sanft trug der Wind das Geräusch

It was altogether a pleasant impression, though tinged with the sort of melancholy appropriate to an evening in early autumn, that was conveyed to the mind of the boy who was standing in the porch waiting for the door to open to him.

The post-chaise had brought him from Warwick-shire, where, some six months before, he had been left an orphan. Now, owing to the generous offer of his elderly cousin, Mr Abney, he had come to live at Aswarby. The offer was unexpected, because all who knew anything of Mr Abney looked upon him as a somewhat austere recluse, into whose steady-going household the advent of a small boy would import a new and, it seemed, incongruous element. The truth is that very little was known of Mr Abney's pursuits or temper. The Professor of Greek at Cambridge had been heard to say that no one knew more of the religious beliefs of the later pagans than did the owner of Aswarby. Certainly his library contained all the then available books bearing on the Myster-ies, the Orphic poems, the worship of Mithras, and the Neo-Platonists. In the marble-paved hall stood a fine group of Mithras slaying a bull, which had been imported from the Levant at great expense by the owner. He had contributed a description of it to the 'Gentleman's Magazine', and he had writ-ten a remarkable series of articles in the 'Critical Museum' on the superstitions of the Romans of the Lower Empire. He was looked upon, in fine, as a man wrapped up in his books, and it was a matter of great surprise among his neighbours that he should ever have heard of his orphan cousin, Stephen Elliott,

herbei. Dem Jungen, der im Eingangsportal darauf wartete, dass ihm die Tür geöffnet werde, bot sich ein durchaus freundliches Bild, über das sich allerdings, zu einem Abend im Frühherbst passend, ein leichter Schatten von Melancholie legte.

Die Postkutsche hatte den Jungen aus Warwickshire hergebracht, wo er vor etwa sechs Monaten zum Waisen geworden war. Dank des großzügigen Angebots seines Vetters, Mr Abney, war er nach Aswarby gekommen, um fortan dort zu leben. Gerechnet hatte niemand mit diesem Angebot, denn alle, die Mr Abney auch nur entfernt kannten, hielten ihn für einen etwas eigensinnigen Sonderling, dessen geregeltem Haushalt mit der Ankunft eines kleinen Jungen ein neues und, wie es schien, unpassendes Element hinzugefügt würde. In Wirklichkeit war über Mr Abneys Neigungen oder sein Wesen nur wenig bekannt. Vom Professor für Griechisch der Universität in Cambridge wollte man gehört haben, dass niemand mehr über die religiösen Vorstellungen der späten Heiden wisse als der Herr von Aswarby. In seiner Bibliothek befanden sich bestimmt alle zu jener Zeit erhältlichen Werke über die Mysterien, die orphische Dichtung, den Mithraskult und die Neuplatoniker. In der mit Marmorboden ausgelegten Eingangshalle stand eine sehr schöne Skulpturengruppe des Stiertöters Mithras, die der Herr von Aswarby Hall unter beträchtlichen Kosten aus der Levante hatte herbeischaffen lassen. Er hatte sie in einem Beitrag für das ‹Gentleman's Magazine› beschrieben und in der Zeitschrift ‹Critical Museum› eine bemerkenswerte Artikelserie über den Aberglauben im spätrömischen Reich veröffentlicht. Kurzum, Mr Abney galt als ausgemachter Bücherwurm, weshalb es seine Nachbarn höchst verwunderlich fanden, dass er nicht nur von seinem verwaisten Vetter Stephen

much more that he should have volunteered to make him an inmate of Aswarby Hall.

Whatever may have been expected by his neighbours, it is certain that Mr Abney – the tall, the thin, the austere – seemed inclined to give his young cousin a kindly reception. The moment the front-door was opened he darted out of his study, rubbing his hands with delight.

"How are you, my boy? – how are you? How old are you?" said he – "That is, you are not too much tired, I hope, by your journey to eat your supper?"

"No, thank you, sir," said Master Elliott; "I am pretty well."

"That's a good lad," said Mr Abney. "And how old are you, my boy?"

It seemed a little odd that he should have asked the question twice in the first two minutes of their acquaintance.

"I'm twelve years old next birthday, sir," said Stephen.

"And when is your birthday, my dear boy? Eleventh of September, eh? That's well – that's very well. Nearly a year hence, isn't it? I like – ha, ha! – I like to get these things down in my book. Sure it's twelve? Certain?"

"Yes, quite sure, sir."

"Well, well! Take him to Mrs Bunch's room, Parkes, and let him have his tea – supper – whatever it is."

"Yes, sir," answered the said Mr Parkes; and conducted Stephen to the lower regions.

Elliott wusste, sondern sich auch noch bereiterklärt hatte, diesen bei sich in Aswarby Hall aufzunehmen.

Doch ungeachtet der Erwartungen seiner Nachbarn, schien Mr Abney, der hochgewachsene, hagere Eigenbrötler, eindeutig gewillt zu sein, dem jungen Vetter einen freundlichen Empfang zu bereiten. In dem Moment, als die Haustür geöffnet wurde, stürzte er aus seinem Studierzimmer und rieb sich erfreut die Hände.

«Wie geht es dir, mein Junge? Wie geht es dir? Wie alt bist du?», fragte er. «Ich wollte sagen … ich hoffe, du bist von den Strapazen der Reise nicht zu müde fürs Abendessen.»

«Vielen Dank, Sir, keinesfalls», erwiderte der junge Mann. «Ich fühle mich recht gut.»

«Braver Bursche», sagte Mr Abney. «Und wie alt bist du, mein Junge?»

Es war schon ein wenig seltsam, dass er diese Frage innerhalb der ersten beiden Minuten ihrer Bekanntschaft gleich zweimal stellte.

«An meinem nächsten Geburtstag werde ich zwölf Jahre alt, Sir», erwiderte Stephen.

«Und wann ist dein Geburtstag, mein guter Junge? Am elften September, oder? Das ist gut, das ist sehr gut. Bis dahin ist es noch fast ein Jahr, nicht wahr? Ich schreibe mir – ha, ha! – ich schreibe mir solcherlei Dinge nämlich gern in mein Buch. Wirst du wirklich zwölf? Bist du dir sicher?»

«Ja, ganz sicher, Sir.»

«Gut. Parkes, bringen Sie ihn ins Zimmer von Mrs Bunch, damit er seinen Tee bekommt, sein Abendessen oder was auch immer.»

«Sehr wohl, Sir», erwiderte der bedächtige Parkes und führte Stephen hinab in den Dienstbotenbereich.

Mrs Bunch was the most comfortable and human person whom Stephen had as yet met at Aswarby. She made him completely at home; they were great friends in a quarter of an hour: and great friends they remained. Mrs Bunch had been born in the neighbourhood some fifty-five years before the date of Stephen's arrival, and her residence at the Hall was of twenty years' standing. Consequently, if anyone knew the ins and outs of the house and the district, Mrs Bunch knew them; and she was by no means disinclined to communicate her information.

Certainly there were plenty of things about the Hall and the Hall gardens which Stephen, who was of an adventurous and inquiring turn, was anxious to have explained to him. "Who built the temple at the end of the laurel walk? Who was the old man whose picture hung on the staircase, sitting at a table, with a skull under his hand?" These and many similar points were cleared up by the resources of Mrs Bunch's powerful intellect. There were others, however, of which the explanations furnished were less satisfactory.

One November evening Stephen was sitting by the fire in the housekeeper's room reflecting on his surroundings.

"Is Mr Abney a good man, and will he go to heaven?" he suddenly asked, with the peculiar confidence which children possess in the ability of their elders to settle these questions, the decision of which is believed to be reserved for other tribunals.

"Good? – bless the child!" said Mrs Bunch. "Master's as kind a soul as ever I see! Didn't I never

Mrs Bunch war die angenehmste und liebenswürdigste Person, der Stephen bislang in Aswarby begegnet war. Bei ihr fühlte er sich auf der Stelle wohl, und innerhalb einer Viertelstunde waren die beiden beste Freunde, was sie auch bleiben sollten. Mrs Bunch war eine Einheimische und hatte etwa fünfundfünfzig Jahre vor Stephens Ankunft das Licht der Welt erblickt; im Herrenhaus lebte sie nun schon seit zwanzig Jahren. Wenn es folglich eine Person gab, die das Haus und seine Umgebung in- und auswendig kannte, dann war das Mrs Bunch, und sie zeigte sich keinesfalls abgeneigt, ihr Wissen weiterzugeben.

Natürlich wollte der abenteuerlustige und wissbegierige Stephen sehr viel über das Herrenhaus und den dazugehörigen Park erfahren und konnte gar nicht genug erklärt bekommen. «Wer hat den Tempel am Ende des Lorbeerwegs gebaut? Wer war der alte Mann auf dem Bild im Treppenhaus, der an einem Tisch sitzt und die Hand auf einen Totenkopf gelegt hat?» Diese und viele ähnliche Fragen ließen sich dank des Wissens und der ungeheuren Geistesgaben von Mrs Bunch klären. Allerdings gab es auch Fragen, auf die Stephen weniger befriedigende Antworten erhielt.

An einem Novemberabend saß Stephen im Zimmer der Haushälterin am Kamin und machte sich Gedanken über seine Umgebung.

«Ist Mr Abney ein guter Mensch? Wird er in den Himmel kommen?», fragte er plötzlich mit dem ganz eigenen Urvertrauen des Kindes in das Vermögen der Älteren, auch die Fragen zu beantworten, die doch eigentlich einem anderen Gericht vorbehalten sind.

«Gut? Ach, selig sind die Kinder!», rief Mrs Bunch. «Der Herr ist ein so herzensguter Mensch, wie ich keinen

tell you of the little boy as he took in out of the
street, as you may say, this seven years back?
And the little girl, two years after I first come
here?"

"No. Do tell me all about them, Mrs Bunch – now,
this minute!"

"Well," said Mrs Bunch, "the little girl I don't
seem to recollect so much about. I know master
brought her back with him from his walk one day,
and give orders to Mrs Ellis, as was housekeeper
then, as she should be took every care with. And
the pore child hadn't no one belonging to her – she
told me so her own self – and here she lived with
us a matter of three weeks it might be; and then,
whether she were somethink of a gipsy in her blood
or what not, but one morning she was out of her
bed afore any of us had opened a eye, and neither
track nor yet trace of her have I set eyes on since.
Master was wonderful put about, and had all the
ponds dragged; but it's my belief she was had away
by them gipsies, for there was singing round the
house for as much as an hour the night she went,
and Parkes, he declare as he heard them a-calling
in the woods all that afternoon. Dear, dear! A hodd
child she was, so silent in her ways and all, but I was
wonderful taken up with her, so domesticated she
was – surprising."

"And what about the little boy?" said Stephen.

"Ah, that pore boy!" sighed Mrs Bunch. "He
were a foreigner – Jevanny he called hisself – and he
come a-tweaking his 'urdy-gurdy round and about
the drive one winter day, and master 'ad him in

Zweiten kenne. Habe ich Euch nie von dem kleinen Jungen erzählt, den er vor sieben Jahren sozusagen von der Straße geholt hat? Und von dem kleinen Mädchen, zwei Jahre nachdem ich hier angefangen habe?»

«Nein. Erzählen Sie mir von Ihnen, Mrs Bunch, jetzt sofort!»

«Also, an das kleine Mädchen erinnere ich mich, glaub ich, nicht mehr so gut», begann Mrs Bunch. «Ich weiß nur, dass der Herr sie eines Tages von einem Spaziergang mit nach Hause brachte und Mrs Ellis, die, welche damals Haushälterin war, befohlen hat, sie soll sich nur gut um das Kind kümmern. Die arme Kleine hatte keinen Menschen mehr auf der Welt, hat sie selbst zu mir gesagt, aber hier bei uns hat sie vielleicht höchstens drei Wochen gelebt, und dann, ich weiß nicht, ob's Zigeunerblut in ihren Adern war oder was, war sie eines Morgens aus dem Bett, noch bevor einer von uns ein Auge aufgeschlagen hatte, und seither ist sie spurlos verschwunden, ich hab nichts mehr von ihr gesehen. Den Herrn hat das ordentlich mitgenommen, und er hat alle Teiche absuchen lassen; aber ich glaub, dass die Zigeuner sie geholt haben, denn in der Nacht, wo sie verschwunden ist, hat es sicher eine Stunde lang ums Haus herum Gesang gegeben, und Parkes, der hat gesagt, er hat den ganzen Nachmittag ihr Rufen im Wald gehört. O Gott, o Gott! Sie war ein wunderliches Kind, eine ganz Stille, aber ich hab mich richtig gut mit ihr verstanden, so häuslich, wie sie geworden ist, kaum zu glauben.»

«Und was war mit dem kleinen Jungen?», fragte Stephen.

«Ach, der Arme!», seufzte Mrs Bunch. «Er war ein Ausländer, hat sich Dschowanni genannt. Eines Wintertags kam er mit seinem Leierkasten orgelnd die Auffahrt entlanggezogen, und der Herr hat ihn gleich ins Haus geholt.

that minute, and ast all about where he came from, and how old he was, and how he made his way, and where was his relatives, and all as kind as heart could wish. But it went the same way with him. They're a hunruly lot, them foreign nations, I do suppose, and he was off one fine morning just the same as the girl. Why he went and what he done was our question for as much as a year after; for he never took his 'urdy-gurdy, and there it lays on the shelf."

The remainder of the evening was spent by Stephen in miscellaneous cross-examination of Mrs Bunch and in efforts to extract a tune from the hurdy-gurdy.

That night he had a curious dream. At the end of the passage at the top of the house, in which his bedroom was situated, there was an old disused bathroom. It was kept locked, but the upper half of the door was glazed, and, since the muslin curtains which used to hang there had long been gone, you could look in and see the lead-lined bath affixed to the wall on the right hand, with its head towards the window.

On the night of which I am speaking, Stephen Elliott found himself, as he thought, looking through the glazed door. The moon was shining through the window, and he was gazing at a figure which lay in the bath.

His description of what he saw reminds me of what I once beheld myself in the famous vaults of St Michan's Church in Dublin, which possesses the horrid property of preserving corpses from decay for centuries. A figure inexpressibly thin and pathetic, of a dusty leaden colour, enveloped in a shroud-

Er hat ihn ausgefragt: wo er herkommt, wie alt er ist, wo er hin will und wo seine Familie ist, und all das mit einer Herzensgüte. Doch mit dem Jungen ist es genauso gegangen. Ich denke, diese Ausländer sind ein ungebärdiges Pack, eines schönen Morgens war er genau wie das Mädchen verschwunden. Ein ganzes Jahr lang haben wir uns gefragt, warum er weggelaufen ist und was aus ihm geworden ist, denn den Leierkasten hat er gar nicht mitgenommen, dort steht er im Regal.»

Den Rest des Abends verbrachte Stephen damit, Mrs Bunch ausführlich ins Kreuzverhör zu nehmen, außerdem versuchte er, dem Leierkasten ein paar Töne zu entlocken.

In jener Nacht hatte er einen seltsamen Traum. Am Ende des Flurs im obersten Stock des Hauses, in dem sich Stephens Schlafzimmer befand, gab es ein altes, nicht mehr benutztes Badezimmer. Es war immer verschlossen, doch die obere Hälfte der Tür war verglast, und weil die Musselinvorhänge, die früher dort hingen, schon lange nicht mehr da waren, konnte man ins Zimmer und auf die an der rechten Wand angebrachte verbleite Badewanne sehen, deren Kopfende zum Fenster zeigte.

In besagter Nacht glaubte Stephen Elliott sich vor dieser Glasscheibe wiederzufinden. Der Mond schien durchs Fenster, und sein Blick fiel direkt auf eine Gestalt in der Badewanne.

So, wie er mir den Anblick beschrieb, fühlte ich mich an etwas erinnert, das ich selbst einmal in der berühmten Gruft der Kirche Sankt Michan in Dublin gesehen hatte, die so grausig beschaffen ist, dass die Leichen dort über Jahrhunderte hinweg nicht verwesen: Eine unbeschreiblich dünne, anrührende Gestalt von staubig bleierner Farbe, in

like garment, the thin lips crooked into a faint and dreadful smile, the hands pressed tightly over the region of the heart.

As he looked upon it, a distant, almost inaudible moan seemed to issue from its lips, and the arms began to stir. The terror of the sight forced Stephen backwards and he awoke to the fact that he was indeed standing on the cold boarded floor of the passage in the full light of the moon. With a courage which I do not think can be common among boys of his age, he went to the door of the bathroom to ascertain if the figure of his dreams were really there. It was not, and he went back to bed.

Mrs Bunch was much impressed next morning by his story, and went so far as to replace the muslin curtain over the glazed door of the bathroom. Mr Abney, moreover, to whom he confided his experiences at breakfast, was greatly interested and made notes of the matter in what he called 'his book'.

The spring equinox was approaching, as Mr Abney frequently reminded his cousin, adding that this had been always considered by the ancients to be a critical time for the young: that Stephen would do well to take care of himself, and to shut his bedroom window at night; and that Censorinus had some valuable remarks on the subject. Two incidents that occurred about this time made an impression upon Stephen's mind.

The first was after an unusually uneasy and oppressed night that he had passed – though he could not recall any particular dream that he had had.

eine Art Leichentuch gewickelt, die dünnen Lippen zu einem schwachen, schauderhaften Lächeln verzogen und die Hände fest auf die Gegend des Herzens gepresst.

Noch während Stephen sie betrachtete, schien von ihren Lippen fast unhörbar und wie aus weiter Ferne ein Stöhnen zu kommen, und die Arme begannen sich zu bewegen. Voller Entsetzen schreckte Stephen zurück, wachte auf und musste feststellen, dass er tatsächlich im hellen Licht des Vollmonds auf den kalten Bodendielen des Flurs stand. Mit einem Ausmaß an Mut, wie man es meiner Meinung nach bei Jungen seines Alters nicht oft findet, ging er zur Tür des Badezimmers, um nachzusehen, ob die Gestalt aus seinem Traum tatsächlich dort lag. Es war niemand da, und so ging er zurück ins Bett.

Mrs Bunch reagierte am nächsten Morgen sehr beeindruckt auf seine Geschichte und ging sogar so weit, den Musselinvorhang wieder vor die Glasscheibe der Badezimmertür zu hängen. Auch Mr Abney, dem Stephen seine Erlebnisse beim Frühstück anvertraute, zeigte sich sehr interessiert und machte sich in seinem sogenannten «Buch» Notizen über die Angelegenheit.

Immer wieder erinnerte Mr Abney seinen Vetter daran, dass die Frühjahrstagundnachtgleiche kurz bevorstünde. Bei den alten Römern, so erläuterte er, habe diese Zeit stets als sehr gefährlich für junge Leute gegolten. Stephen solle gut auf sich aufpassen und nachts sein Schlafzimmerfenster schließen; auch Censorinus habe zu diesem Thema wertvolle Anmerkungen gemacht. Um diese Zeit kam es zu zwei Vorfällen, die beunruhigend auf Stephen wirkten.

Der erste trug sich nach einer Nacht zu, die er in ungewohnt unruhiger und niedergedrückter Stimmung verbracht hatte, auch wenn er sich an keinen besonderen Traum erinnern konnte.

The following evening Mrs Bunch was occupying herself in mending his nightgown.

"Gracious me, Master Stephen!" she broke forth rather irritably, "how do you manage to tear your nightdress all to flinders this way? Look here, sir, what trouble you do give to poor servants that have to darn and mend after you!"

There was indeed a most destructive and apparently wanton series of slits or scorings in the garment, which would undoubtedly require a skilful needle to make good. They were confined to the left side of the chest – long, parallel slits about six inches in length, some of them not quite piercing the texture of the linen. Stephen could only express his entire ignorance of their origin: he was sure they were not there the night before.

"But," he said, "Mrs Bunch, they are just the same as the scratches on the outside of my bedroom door: and I'm sure I never had anything to do with making *them*."

Mrs Bunch gazed at him open-mouthed, then snatched up a candle, departed hastily from the room, and was heard making her way upstairs. In a few minutes she came down.

"Well," she said, "Master Stephen, it's a funny thing to me how them marks and scratches can 'a' come there – too high up for any cat or dog to 'ave made 'em, much less a rat: for all the world like a Chinaman's finger-nails, as my uncle in the tea-trade used to tell us of when we was girls together. I wouldn't say nothing to master, not if I was you, Master Stephen, my dear; and just turn the key of the door when you go to your bed."

Am darauffolgenden Abend war Mrs Bunch damit beschäftigt, sein Nachthemd zu flicken.

«Meine Güte, junger Herr!», machte sie ihrem Ärger Luft. «Wie schafft Ihr es nur, das Nachthemd so zu zerfetzen? Schaut nur, Sir, welche Mühsal Ihr den armen Bediensteten bereitet, die hinter Euch her stopfen und flicken müssen.»

Tatsächlich wies das Kleidungsstück eine Reihe schlimmer und anscheinend mutwillig herbeigeführter Schlitze und Risse auf, die auszubessern zweifelsohne eine sehr geschickte Näherin erforderte. Sie befanden sich ausschließlich auf der linken Brustseite – parallel verlaufende, etwa zwanzig Zentimeter lange Schnitte, von denen einige den Leinenstoff nicht ganz durchtrennt hatten. Stephen konnte nur beschwören, dass er nicht wisse, wie es zu den Rissen gekommen war, am Vorabend seien sie ganz gewiss noch nicht da gewesen.

«Wirklich, Mrs Bunch, es ist genauso wie mit den Kratzern auf der Außenseite meiner Schlafzimmertür», sagte er. «Und an *denen* bin ich ganz sicher nicht schuld!»

Mrs Bunch starrte ihn mit offenem Mund an, schnappte sich eine Kerze und verließ eilig das Zimmer. Man hörte sie die Treppe hinaufstapfen, ein paar Minuten später kam sie wieder herunter.

«Junger Herr, mir ist ein Rätsel, wie die Schrammen und Kratzer dort hingekommen sein sollen – für eine Katze oder einen Hund sind sie zu weit oben, und für eine Ratte erst recht. Sieht ganz so aus, als seien es die Fingernägel eines Chinesen gewesen, von denen hat mein Vetter, der im Teehandel war, immer erzählt, wenn wir Mädchen beisammensaßen. Ich an Eurer Stelle würde dem Herrn nichts sagen, mein Lieber, aber dreht den Schlüssel im Türschloss herum, wenn Ihr ins Bett geht.»

"I always do, Mrs Bunch, as soon as I've said my prayers."

"Ah, that's a good child: always say your prayers, and then no one can't hurt you."

Herewith Mrs Bunch addressed herself to mending the injured nightgown, with intervals of meditation, until bed-time. This was on a Friday night in March, 1812.

On the following evening the usual duet of Stephen and Mrs Bunch was augmented by the sudden arrival of Mr Parkes, the butler, who as a rule kept himself rather to himself in his own pantry. He did not see that Stephen was there: he was, moreover, flustered and less slow of speech than was his wont.

"Master may get up his own wine, if he likes, of an evening," was his first remark. "Either I do it in the daytime or not at all, Mrs Bunch. I don't know what it may be: very like it's the rats, or the wind got into the cellars; but I'm not so young as I was, and I can't go through with it as I have done."

"Well, Mr Parkes, you know it is a surprising place for the rats, is the Hall."

"I'm not denying that, Mrs Bunch; and, to be sure, many a time I've heard the tale from the men in the shipyards about the rat that could speak. I never laid no confidence in that before; but tonight, if I'd demeaned myself to lay my ear to the door of the further bin, I could pretty much have heard what they was saying."

"Oh, there, Mr Parkes, I've no patience with your fancies! Rats talking in the wine-cellar indeed!"

«Das mache ich immer, Mrs Bunch, sobald ich meine Gebete gesprochen habe.»

«Ja, so ist's recht, mein Junge. Immer schön beten, dann kann einem nichts passieren.»

Mit diesen Worten wandte sich Mrs Bunch wieder dem kaputten Nachthemd zu und flickte, unterbrochen von Denkpausen, weiter bis zur Schlafenszeit. Dies trug sich an einem Freitagabend im März des Jahres 1812 zu.

Am folgenden Abend wurde das übliche Duett zwischen Stephen und Mrs Bunch um die Stimme des Butlers Mr Parkes erweitert, der plötzlich ins Zimmer trat, obwohl er sich sonst eher absonderte und allein in seiner Kammer aufhielt. Er bemerkte Stephen nicht, zudem machte er einen gehetzten Eindruck und sprach nicht so langsam, wie es sonst seine Gewohnheit war.

«Wenn der Herr abends noch Wein will, darf er sich den selbst heraufholen», platzte er heraus. «Entweder ich hole ihn tagsüber oder gar nicht, Mrs Bunch. Ich weiß nicht, was da ist: Vermutlich sind es die Ratten, oder der Wind pfeift durch den Keller, aber ich bin nicht mehr so jung wie früher und verkrafte das nicht mehr so.»

«Aber Mr Parkes, Ratten im Herrenhaus, das würde mich überraschen.»

«Das will ich nicht leugnen, Mrs Bunch; und gewiss habe ich von den Werftarbeitern schon oft genug die Geschichte von der sprechenden Ratte gehört und ihr bislang keinen Glauben geschenkt. Aber wenn ich mich heute Abend so weit erniedrigt hätte, mein Ohr an die Tür des hintersten Kellerraums zu legen, hätte ich wohl so ziemlich alles gehört, was sie zu sagen haben.»

«Ich bitte Sie, Mr Parkes, mir fehlt die Geduld für Ihre Grillen! Sprechende Ratten im Weinkeller, also wirklich!»

"Well, Mrs Bunch, I've no wish to argue with you: all I say is, if you choose to go to the far bin, and lay your ear to the door, you may prove my words this minute."

"What nonsense you do talk, Mr Parkes – not fit for children to listen to! Why, you'll be frightening Master Stephen there out of his wits."

"What! Master Stephen?" said Parkes, awaking to the consciousness of the boy's presence. "Master Stephen knows well enough when I'm a-playing a joke with you, Mrs Bunch."

In fact, Master Stephen knew much too well to suppose that Mr Parkes had in the first instance intended a joke. He was interested, not altogether pleasantly, in the situation; but all his questions were unsuccessful in inducing the butler to give any more detailed account of his experiences in the wine-cellar.

*

We have now arrived at March 24, 1812. It was a day of curious experiences for Stephen: a windy, noisy day, which filled the house and the gardens with a restless impression. As Stephen stood by the fence of the grounds, and looked out into the park, he felt as if an endless procession of unseen people were sweeping past him on the wind, borne on resistlessly and aimlessly, vainly striving to stop themselves, to catch at something that might arrest their flight and bring them once again into contact with the living world of which they had formed a part. After luncheon that day Mr Abney said:

«Mrs Bunch, es liegt mir fern, mit Ihnen streiten zu wollen, ich sage nur, wenn Sie zum hinteren Kellerraum gingen und Ihr Ohr an die Tür legten, dann würden Sie mir auf der Stelle recht geben.»

«Was reden Sie denn da für einen Unsinn, Mr Parkes, das ist wirklich nichts für Kinderohren! Sie werden den jungen Herrn Stephen noch zu Tode erschrecken.»

«Wie? Der junge Herr?» Erst jetzt bemerkte Parkes den Jungen. «Der junge Herr Stephen ist schlau genug zu wissen, wann ich mir einen Witz mit Ihnen erlaube, Mrs Bunch.»

Tatsächlich war der junge Herr Stephen zu schlau, um zu glauben, dass Mr Parkes eigentlich einen Witz beabsichtigt hatte. Sein Interesse war geweckt, auch wenn sich Unbehagen darunter mischte, doch so viel er auch fragte, er konnte den Butler nicht dazu bringen, ihm mehr über seine Erlebnisse im Weinkeller zu erzählen.

*

Mittlerweile sind wir beim 24. März 1812 angelangt. An diesem Tag erlebte Stephen seltsame Dinge. Ein laut brausender Wind erfüllte Haus und Garten mit Unruhe. Stephen stand draußen am Zaun und blickte in den Park, da kam es ihm plötzlich so vor, als zöge im Sturm eine endlose Prozession unsichtbarer Menschen an ihm vorüber; ohne Widerstandskraft und Ziel dahingetrieben, versuchten sie vergebens stehenzubleiben und sich an etwas festzuhalten, das ihrem Flug Einhalt gebieten und sie wieder in Kontakt mit der Welt der Lebenden bringen könnte, zu der sie einst gehört hatten. Nach dem Mittagessen fragte Mr Abney dann:

"Stephen, my boy, do you think you could manage to come to me tonight as late as eleven o'clock in my study? I shall be busy until that time, and I wish to show you something connected with your future life which it is most important that you should know. You are not to mention this matter to Mrs Bunch nor to anyone else in the house; and you had better go to your room at the usual time."

Here was a new excitement added to life: Stephen eagerly grasped at the opportunity of sitting up till eleven o'clock. He looked in at the library door on his way upstairs that evening, and saw a brazier, which he had often noticed in the corner of the room, moved out before the fire; an old silver-gilt cup stood on the table, filled with red wine, and some written sheets of paper lay near it. Mr Abney was sprinkling some incense on the brazier from a round silver box as Stephen passed, but did not seem to notice his step.

The wind had fallen, and there was a still night and a full moon. At about ten o'clock Stephen was standing at the open window of his bedroom, looking out over the country. Still as the night was, the mysterious population of the distant moon-lit woods was not yet lulled to rest. From time to time strange cries as of lost and despairing wanderers sounded from across the mere. They might be the notes of owls or water-birds, yet they did not quite resemble either sound. Were not they coming nearer? Now they sounded from the nearer side of the water, and in a few moments they seemed to be floating about among the shrubberies. Then they

«Stephen, mein Junge, meinst du, du schaffst es, heute Abend noch spät um elf in mein Studierzimmer zu kommen? Bis dahin werde ich zu tun haben, aber ich möchte dir etwas zeigen, das mit deiner Zukunft zu tun hat, etwas sehr Wichtiges, das du unbedingt wissen solltest. Du darfst darüber nicht mit Mrs Bunch oder irgendeiner anderen Person im Haus reden; am besten, du ziehst dich zur üblichen Zeit in dein Zimmer zurück.»

Wieder einmal war das Leben aufregender geworden: Nur zu gern ergriff Stephen die Gelegenheit, bis um elf Uhr aufzubleiben. Als er am Abend nach oben ging, warf er einen Blick durch die Bibliothekstür und sah, dass die Kohlenpfanne, die ihm schon öfters in einer Ecke des Zimmers aufgefallen war, vors Feuer gerückt worden war; auf dem Tisch stand ein alter, mit Rotwein gefüllter Silberkelch, daneben lagen ein paar beschriebene Papierbögen. Als Stephen vorbeiging, streute Mr Abney gerade Weihrauch aus einer runden Silberdose auf die Kohlenpfanne, doch er schien die Schritte des Jungen nicht wahrzunehmen.

Der Wind hatte sich gelegt, es war eine stille Vollmondnacht. Gegen zehn Uhr stand Stephen am offenen Fenster seines Schlafzimmers und ließ den Blick über die Landschaft schweifen. So still die Nacht auch war, die rätselhaften Bewohner des fernen, mondbeschienenen Waldes hatten noch keine Ruhe gefunden. Von Zeit zu Zeit hallten seltsame Schreie über den Weiher, als kämen sie von verzweifelt herumirrenden Wanderern. Es hätten auch die Rufe von Eulen oder Wasservögeln sein können, doch so richtig glichen sie keiner dieser Stimmen. Kamen sie etwa näher? Eben tönten sie vom diesseitigen Ufer herauf, und wenige Minuten später schienen sie schon durch die Büsche zu treiben. Dann verstummten die Stimmen, doch

ceased; but just as Stephen was thinking of shutting the window and resuming his reading of 'Robinson Crusoe', he caught sight of two figures standing on the gravelled terrace that ran along the garden side of the Hall – the figures of a boy and girl, as it seemed; they stood side by side, looking up at the windows. Something in the form of the girl recalled irresistibly his dream of the figure in the bath. The boy inspired him with more acute fear.

Whilst the girl stood still, half smiling, with her hands clasped over her heart, the boy, a thin shape, with black hair and ragged clothing, raised his arms in the air with an appearance of menace and of unappeasable hunger and longing. The moon shone upon his almost transparent hands, and Stephen saw that the nails were fearfully long and that the light shone through them. As he stood with his arms thus raised, he disclosed a terrifying spectacle. On the left side of his chest there opened a black and gaping rent; and there fell upon Stephen's brain, rather than upon his ear, the impression of one of those hungry and desolate cries that he had heard resounding over the woods of Aswarby all that evening. In another moment this dreadful pair had moved swiftly and noiselessly over the dry gravel, and he saw them no more.

Inexpressibly frightened as he was, he determined to take his candle and go down to Mr Abney's study, for the hour appointed for their meeting was near at hand. The study or library opened out of the front-hall on one side, and Stephen, urged on by his terrors, did not take

gerade als Stephen das Fenster schließen und in seinem ‹Robinson Crusoe› weiterlesen wollte, erblickte er auf der kiesbestreuten Terrasse an der Gartenseite des Herrenhauses zwei Gestalten – es schien sich um einen Jungen und um ein Mädchen zu handeln. Sie standen Seite an Seite und blickten zu den Fenstern hinauf. Etwas an dem Mädchen erinnerte Stephen unweigerlich an seinen Traum von der Gestalt in der Badewanne. Der Junge flößte ihm noch heftigere Furcht ein.

Das Mädchen stand mit einem angedeuteten Lächeln reglos da und hielt die Hände über ihrem Herzen verschränkt, doch der Junge, ein schmaler Bursche mit schwarzem Haar und zerrissenen Kleidern, reckte in einer Drohgebärde, die gleichzeitig auch unstillbares Verlangen und Sehnen ausdrückte, die Arme in die Höhe. Der Mond schien auf seine fast durchsichtigen Hände, und Stephen sah, dass die Fingernägel daran furchtbar lang waren und das Licht durch sie hindurchging. Weil er die Arme in die Höhe gereckt hielt, wurde etwas Grauenvolles sichtbar: Auf der linken Seite seiner Brust klaffte ein langes schwarzes Loch. Mehr in Stephens Kopf als in seinen Ohren hallte einer der flehentlichen Schreie wider, die er den ganzen Abend lang über den Wäldern von Aswarby gehört hatte. Im nächsten Moment hatte sich das grauenvolle Paar schnell und geräuschlos über den trockenen Kies davongemacht und ward nicht mehr gesehen.

Stephens Entsetzen war unbeschreiblich, und er beschloss, mit seiner Kerze zu Mr Abneys Studierzimmer hinabzugehen, denn die für ihre Unterredung vereinbarte Stunde nahte. Eine der Türen des Studierzimmers, das auch Bibliothek genannt wurde, ging zur vorderen Eingangshalle hinaus, sodass der von seiner Furcht

long in getting there. To effect an entrance was not so easy. It was not locked, he felt sure, for the key was on the outside of the door as usual. His repeated knocks produced no answer. Mr Abney was engaged: he was speaking. What! Why did he try to cry out? And why was the cry choked in his throat? Had he, too, seen the mysterious children? But now everything was quiet, and the door yielded to Stephen's terrified and frantic pushing.

*

On the table in Mr Abney's study certain papers were found which explained the situation to Stephen Elliott when he was of an age to understand them. The most important sentences were as follows:

"It was a belief very strongly and generally held by the ancients – of whose wisdom in these matters I have had such experience as induces me to place confidence in their assertions – that by enacting certain processes, which to us moderns have something of a barbaric complexion, a very remarkable enlightenment of the spiritual faculties in man may be attained: that, for example, by absorbing the personalities of a certain number of his fellow-creatures, an individual may gain a complete ascendancy over those orders of spiritual beings which control the elemental forces of our universe.

It is recorded of Simon Magus that he was able to fly in the air, to become invisible, or to assume any form he pleased, by the agency of the soul of

getriebene Stephen bald vor ihr stand. Allerdings
hatte er Mühe hineinzugelangen. Abgesperrt konnte
das Studierzimmer nicht sein, da war er sicher, denn der
Schlüssel steckte wie immer außen in der Tür, doch auf
sein wiederholtes Klopfen hatte er keine Antwort erhalten.
Mr Abney war beschäftigt, er redete. Was war das? Warum
versuchte er zu schreien? Und warum wurde der Schrei in
seiner Kehle erstickt? Ob er ebenfalls die geheimnisvollen
Kinder gesehen hatte? Plötzlich war es totenstill, und die Tür
gab auf Stephens panisch verzweifeltes Drücken hin nach.

*

Auf dem Tisch in Mr Abneys Studierzimmer fand man gewis-
se Papiere, die Stephen Elliott die Vorkommnisse erklärten,
als er alt genug war, sie zu verstehen. Die wichtigsten Sätze
lauteten folgendermaßen:

«Unter den Menschen der Antike – von deren Weisheit
in solchen Fragen ich mich ausreichend überzeugen konnte,
um ihren Behauptungen Vertrauen zu schenken – herrschte
weithin verbreitet der starke Glaube, dass durch Ausübung
gewisser Verfahren, die auf uns Menschen der Neuzeit einen
barbarischen Anstrich haben mögen, eine äußerst bemerkenswerte Erweiterung der spirituellen Fähigkeiten zu erreichen
sei: So könne ein Individuum zum Beispiel, indem es die Persönlichkeiten einer gewissen Anzahl von Mitgeschöpfen in
sich aufnehme, eine vollkommene Vormachtstellung über jene
Ordnungen von Geisteswesen erlangen, denen die elementa-
ren Kräfte unseres Universums gehorchen.

Über Simon Magus steht geschrieben, er habe durch die
Lüfte fliegen, sich unsichtbar machen und jede beliebige
Gestalt annehmen können, und dies allein mittels der Seelen-

a boy whom, to use the libellous phrase employed by the author of the 'Clementine Recognitions', he had 'murdered'. I find it set down, moreover, with considerable detail in the writings of Hermes Trismegistus, that similar happy results may be produced by the absorption of the hearts of not less than three human beings below the age of twenty-one years. To the testing of the truth of this receipt I have devoted the greater part of the last twenty years, selecting as the *corpora vilia* of my experiment such persons as could conveniently be removed without occasioning a sensible gap in society. The first step I effected by the removal of one Phoebe Stanley, a girl of gipsy extraction, on March 24, 1792. The second, by the removal of a wandering Italian lad, named Giovanni Paoli, on the night of March 23, 1805. The final 'victim' – to employ a word repugnant in the highest degree to my feelings – must be my cousin, Stephen Elliott. His day must be this March 24, 1812.

The best means of effecting the required absorption is to remove the heart from the *living* subject, to reduce it to ashes, and to mingle them with about a pint of some red wine, preferably port. The remains of the first two subjects, at least, it will be well to conceal: a disused bathroom or wine-cellar will be found convenient for such a purpose. Some annoyance may be experienced from the psychic portion of the subjects, which popular language dignifies with the name of ghosts. But the man of philosophic temperament – to whom alone the experiment is appropriate – will be little prone to

kräfte eines Jungen, den er, um den verleumderischen Ausdruck des Verfassers der ‹Clementinischen Recognitiones› zu gebrauchen, ‹ermordet› hatte. Fernerhin habe ich in den Schriften des Hermes Trismegistos die sehr detaillierte Beschreibung gefunden, wie durch die Einverleibung der Herzen von nicht weniger als drei Menschen, die jünger als einundzwanzig Jahre sein müssen, ähnlich glückliche Ergebnisse zu erzielen sind. Den größeren Teil der vergangenen zwanzig Jahre habe ich der Überprüfung dieses Rezeptes geweiht, indem ich als *corpora vilia* meines Experiments Personen auswählte, die sich leicht beseitigen ließen, ohne eine allzu spürbare Lücke in der Gesellschaft zu hinterlassen. Den ersten Schritt bewerkstelligte ich durch die Beseitigung einer gewissen Phoebe Stanley, einem Zigeunermädchen, am 24. März des Jahres 1792. Den zweiten durch die Beseitigung eines vagabundierenden jungen Italieners namens Giovanni Paoli in der Nacht des 23. März 1805. Das letzte ‹Opfer› – um ein Wort zu verwenden, das meinen Gefühlen im höchsten Maße zuwider ist – muss mein Vetter Stephen Elliott sein. Heute, am 24. März 1812, ist sein Tag.

Die erforderliche Einverleibung ist am besten möglich, wenn man dem *lebenden* Subjekt das Herz entnimmt, dieses zu Asche reduziert, welche mit ungefähr einem halben Liter Rotwein, vorzugsweise Port, vermischt werde. Es empfiehlt sich, zumindest die Überreste der ersten beiden Subjekte gut zu verstecken: Ein unbenutztes Badezimmer oder ein Weinkeller könnten sich zu dem Zwecke eignen. In manchen Fällen ist mit Störungen seitens der seelischen Komponente der Subjekte zu rechnen, die der Volksmund als Geister bezeichnet. Der philosophisch veranlagte Mensch jedoch – und nur diesem sei das Experiment anzuraten – wird kaum Neigung verspüren, den

attach importance to the feeble efforts of these beings to wreak their vengeance on him. I contemplate with the liveliest satisfaction the enlarged and emancipated existence which the experiment, if successful, will confer on me; not only placing me beyond the reach of human justice (so-called), but eliminating to a great extent the prospect of death itself."

*

Mr Abney was found in his chair, his head thrown back, his face stamped with an expression of rage, fright, and mortal pain. In his left side was a terrible lacerated wound, exposing the heart. There was no blood on his hands, and a long knife that lay on the table was perfectly clean. A savage wild-cat might have inflicted the injuries. The window of the study was open, and it was the opinion of the coroner that Mr Abney had met his death by the agency of some wild creature. But Stephen Elliott's study of the papers I have quoted led him to a very different conclusion.

nichtssagenden Racheversuchen solcher Kreaturen Wichtigkeit beizumessen. Mit größter Befriedigung blicke ich dem erhabenen und befreiten Dasein entgegen, das mir das Experiment, so es gelinge, verschaffen wird; insofern es mich dem Zugriff (sogenannter) menschlicher Rechtsprechung enthebt, als auch die Aussicht auf den Tod selbst weitestgehend eliminiert.»

*

Man fand Mr Abney in seinem Stuhl vor, den Kopf in den Nacken geworfen, das Gesicht von Zorn, Angst und Todesqualen gezeichnet. Links in der Brust klaffte eine fürchterliche zerfleischte Wunde, die das Herz freilegte. Seine Hände waren frei von Blut, und ein langes Messer auf dem Tisch war makellos sauber. Vielleicht hatte ihm eine blindwütige Wildkatze die Verletzungen beigebracht. Das Fenster des Studierzimmers stand offen, und der Leichenbeschauer war der Ansicht, dass Mr Abney durch Einwirkung eines wilden Tieres zu Tode gekommen sei. Doch als Stephen Elliott die von mir erwähnten Papiere studierte, kam er zu einem gänzlich anderen Schluss.

H. G. WELLS
The Red Room


"I can assure you," said I, "that it will take a very tangible ghost to frighten me." And I stood up before the fire with my glass in my hand.

„It is your own choosing," said the man with the withered arm, and glanced at me askance.

„Eight-and-twenty years," said I, „I have lived, and never a ghost have I seen as yet."

The old woman sat staring hard into the fire, her pale eyes wide open. „Ay," she broke in; „and eight-and-twenty years you have lived and never seen the likes of this house, I reckon. There's a many things to see, when one's still but eight-and-twenty." She swayed her head slowly from side to side. „A many things to see and sorrow for."

I half suspected the old people were trying to enhance the spiritual terrors of their house by their droning insistence. I put down my empty glass on the table and looked about the room, and caught a glimpse of myself, abbreviated and broadened to an impossible sturdiness, in the queer old mirror at the end of the room. „Well," I said, „if I see anything to-night, I shall be so much the wiser. For I come to the business with an open mind."

„It's your own choosing," said the man with the withered arm once more.

I heard the sound of a stick and a shambling step on the flags in the passage outside, and the door creaked on its hinges as a second old man entered,

H. G. WELLS
Das rote Zimmer

«Ich versichere Ihnen, das Gespenst, das mich erschrecken kann, müsste schon sehr real sein», sagte ich und stellte mich mit dem Glas in der Hand ans Feuer.

«Es ist Ihre Entscheidung», meinte der Mann mit dem verkrüppelten Arm und blickte mich misstrauisch an.

«In meinen achtundzwanzig Lebensjahren habe ich noch nie ein Gespenst gesehen», sagte ich.

Die alte Frau saß vor dem Kamin und starrte mit weit geöffneten farblosen Augen ins Feuer. «Ach ja, und ich denke, Sie haben in Ihren achtundzwanzig Lebensjahren auch noch nie ein Haus wie dieses gesehen. Für jemanden, der erst achtundzwanzig Jahre alt ist, gibt es noch viel zu sehen.» Nachdenklich wiegte sie den Kopf hin und her. «Viel zu sehen und viel zu beklagen.»

Es kam mir fast so vor, als wollten die beiden Alten die Geisterschrecken des Hauses mit ihrer dumpfen Beharrlichkeit noch verstärken. Ich stellte mein leeres Glas auf den Tisch, sah mich im Zimmer um und erblickte in dem seltsamen alten Spiegel am anderen Ende des Raums mich selbst, allerdings zu unmöglicher Gedrungenheit verkürzt und in die Breite gezerrt. «Nun denn», sagte ich. «Falls ich heute Nacht etwas zu sehen bekomme, werde ich umso klüger sein, denn ich gehe ganz unvoreingenommen an die Sache heran.»

«Es ist Ihre Entscheidung», wiederholte der Mann mit dem verkrüppelten Arm.

Auf den Steinplatten draußen im Gang vernahm ich schlurfende Schritte und das Tappen eines Gehstocks. Die Tür quietschte in ihren Angeln, und ein zweiter alter Mann,

more bent, more wrinkled, more aged even than
the first. He supported himself by a single crutch,
his eyes were covered by a shade, and his lower lip,
half averted, hung pale and pink from his decaying
yellow teeth. He made straight for an arm-chair on
the opposite side of the table, sat down clumsily, and
began to cough. The man with the withered arm
gave this new-comer a short glance of positive dis-
like; the old woman took no notice of his arrival, but
remained with her eyes fixed steadily on the fire.

„I said – it's your own choosing," said the man
with the withered arm, when the coughing had
ceased for a while.

„It's my own choosing," I answered.

The man with the shade became aware of my
presence for the first time, and threw his head back
for a moment and sideways, to see me. I caught a
momentary glimpse of his eyes, small and bright and
inflamed. Then he began to cough and splutter again.

„Why don't you drink?" said the man with the
withered arm, pushing the beer towards him. The
man with the shade poured out a glassful with
a shaky hand that splashed half as much again
on the deal table. A monstrous shadow of him
crouched upon the wall and mocked his action as
he poured and drank. I must confess I had scarce
expected these grotesque custodians. There is to
my mind something inhuman in senility, something crouching and atavistic; the human qualities
seem to drop from old people insensibly day by
day. The three of them made me feel uncomfort-
able, with their gaunt silences, their bent carriage,

noch gebeugter, faltiger und greisenhafter als der erste, trat ein. Er stützte sich auf eine Krücke, seine Augen verschwanden unter einem Blendschutz, und die verzerrte Unterlippe hing blassrosa unter den faulenden gelben Zähnen. Er steuerte direkt auf einen Armstuhl auf der anderen Tischseite zu, nahm umständlich Platz und begann zu husten. Der Mann mit dem verkrüppelten Arm warf dem Neuankömmling einen kurzen, äußerst missbilligenden Blick zu; die Alte ignorierte seine Ankunft ganz und starrte unverwandt ins Feuer.

«Ich sagte … Es ist ihre Entscheidung», wiederholte der Mann mit dem verkrüppelten Arm, als das Husten einen Moment lang aussetzte.

«Es ist meine Entscheidung», bestätigte ich.

Der Mann mit dem Blendschutz bemerkte mich erst jetzt; er warf den Kopf kurz in den Nacken und drehte ihn zur Seite, um mich anzusehen. Ich erhaschte einen kurzen Blick auf seine kleinen, glänzenden und geröteten Augen. Dann begann er wieder zu husten und zu spucken.

«Warum trinkst du nichts?», fragte der Mann mit dem verkrüppelten Arm und schob ihm das Bier hin. Der Mann mit dem Blendschutz schenkte sich mit zittriger Hand ein Glas ein und verschüttete fast die Hälfte wieder auf dem Spieltisch. Sein monströs großer Schatten schien die Bewegungen beim Eingießen und Trinken an der Wand nachzuäffen. Ich muss zugeben, mit diesen beiden bizarren Hauswächtern hatte ich kaum gerechnet. In meinen Augen hat das Alter etwas Unbarmherziges, etwas Geducktes und Primitives; die menschlichen Vorzüge scheinen von alten Leuten, ohne dass es ihnen bewusst würde, tagtäglich mehr abzufallen. Mit ihrer dumpfen Schweigsamkeit, der gebeugten Haltung und der offensichtlichen Unfreundlich-

their evident unfriendliness to me and to one another.

"If," said I, "you will show me to this haunted room of yours, I will make myself comfortable there."

The old man with the cough jerked his head back so suddenly that it startled me, and shot another glance of his red eyes at me from under the shade; but no one answered me. I waited a minute, glancing from one to the other.

"If," I said a little louder, "if you will show me to this haunted room of yours, I will relieve you from the task of entertaining me."

"There's a candle on the slab outside the door," said the man with the withered arm, looking at my feet as he addressed me. "But if you go to the red room tonight –"

("This night of all nights!" said the old woman.)

"You go alone."

"Very well," I answered. "And which way do I go?"

"You go along the passage for a bit," said he, "until you come to a door, and through that is a spiral staircase, and half-way up that is a landing and another door covered with baize. Go through that and down the long corridor to the end, and the red room is on your left up the steps."

"Have I got that right?" I said, and repeated his directions. He corrected me in one particular.

"And are you really going?" said the man with the shade, looking at me again for the third time, with that queer, unnatural tilting of the face.

("This night of all nights!" said the old woman.)

keit, die sie mir und einander entgegenbrachten, sorgten die drei dafür, dass ich mich unbehaglich fühlte.

«Wenn Sie mich zu dem Spukzimmer führen könnten, würde ich mich dort einrichten», sagte ich.

Der hustende alte Mann warf den Kopf so plötzlich zurück, dass ich erschrocken zusammenfuhr, und aus der Dunkelheit unter dem Blendschutz traf mich ein weiterer Blick aus roten Augen; eine Antwort aber erhielt ich von niemandem. Ich wartete eine Minute, in der ich von einem zum anderen blickte.

«Wenn Sie», wiederholte ich ein wenig lauter, «wenn Sie mich zu dem Spukzimmer führen könnten, würde ich Sie von der Aufgabe, mich zu unterhalten, entbinden.»

«Auf dem Sockel draußen vor der Tür steht eine Kerze», sagte der Mann mit dem verkrüppelten Arm und blickte mir dabei auf die Füße. «Doch wenn Sie heute Nacht ins rote Zimmer wollen ...»

(«Ausgerechnet in dieser Nacht!», murmelte die alte Frau.)

«Dann müssen Sie allein gehen.»

«Wie Sie wünschen», erwiderte ich. «Und wo muss ich hin?»

«Gehen Sie ein Stück weit den Gang entlang», erklärte er, «bis Sie an eine Tür kommen. Dahinter ist eine Wendeltreppe, die auf halber Höhe einen Absatz und eine weitere, mit grünem Stoff bezogene Tür hat. Gehen Sie hindurch und den langen Korridor bis an sein Ende, wo linker Hand ein paar Stufen zum roten Zimmer hinaufführen.»

«Habe ich richtig verstanden?», fragte ich und wiederholte seine Anweisungen. In einem Detail korrigierte er mich.

«Und Sie wollen wirklich gehen?», fragte der Mann mit dem Blendschutz und sah mich ein drittes Mal mit jener seltsam unnatürlichen Kopfbewegung an.

(«Ausgerechnet in dieser Nacht!», murmelte die alte Frau.)

„It is what I came for," I said, and moved towards the door. As I did so, the old man with the shade rose and staggered round the table, so as to be closer to the others and to the fire. At the door I turned and looked at them, and saw they were all close together, dark against the firelight, staring at me over their shoulders, with an intent expression on their ancient faces.

„Goodnight," I said, setting the door open.

„It's your own choosing," said the man with the withered arm.

I left the door wide open until the candle was well alight, and then I shut them in and walked down the chilly, echoing passage.

I must confess that the oddness of these three old pensioners in whose charge her ladyship had left the castle, and the deep-toned, old-fashioned furniture of the housekeeper's room in which they foregathered, affected me in spite of my efforts to keep myself at a matter-of-fact phase. They seemed to belong to another age, an older age, an age when things spiritual were different from this of ours, less certain; an age when omens and witches were credible, and ghosts beyond denying. Their very existence was spectral; the cut of their clothing, fashions born in dead brains. The ornaments and conveniences of the room about them were ghostly – the thoughts of vanished men, which still haunted rather than participated in the world of to-day. But with an effort I sent such thoughts to the right-about. The long, draughty subterranean passage was chilly and

«Deswegen bin ich hergekommen», erwiderte ich und ging zur Tür. In dem Moment erhob sich der Alte mit dem Blendschutz von seinem Platz und wankte um den Tisch herum, als suche er die Nähe der anderen und des Feuers. An der Tür drehte ich mich zu ihnen um und sah, dass sie dicht beisammensaßen. Dunkel hoben sie sich gegen das Feuer ab und blickten mich über die Schultern hinweg mit angespanntem Ausdruck in den steinalten Gesichtern an.

«Gute Nacht», sagte ich und öffnete die Tür.

«Es ist Ihre Entscheidung», sagte der Mann mit dem verkrüppelten Arm.

Ich ließ die Tür weit offenstehen, bis die Kerze richtig brannte, dann schloss ich sie und ging den kühlen, hallenden Gang entlang.

Ich muss zugeben, dass die drei seltsamen alten Ruheständler, in deren Obhut Ihre Ladyschaft das Schloss gegeben hatte, und das dunkle, altmodische Mobiliar im Zimmer der Haushälterin, in dem sie sich aufhielten, trotz meiner Bemühungen, sachlich und gelassen zu bleiben, eine beunruhigende Wirkung auf mich hatten. Sie schienen aus einer anderen Zeit zu stammen, aus einer längst vergangenen Zeit, einer Zeit, in der das Übernatürliche anders war als heute und es weniger Gewissheit gab; einer Zeit, in der man an Omen und Hexen glaubte und niemand an der Existenz von Gespenstern zweifelte. Allein ihr Dasein hatte etwas Geisterhaftes; der Schnitt ihrer Kleidung – entworfen in längst toten Köpfen. Die Schmuck- und Einrichtungsgegenstände um sie herum waren gespenstisch – Gedanken längst Verblichener, die noch in der heutigen Welt, an der sie nicht mehr teilhaben konnten, herumspukten. Doch ich riss mich zusammen und verbannte solche Vorstellungen aus meinem Kopf. Der lange, zugige Gang im Untergeschoss war kühl und staubig, und im

dusty, and my candle flared and made the shadows cower and quiver. The echoes rang up and down the spiral staircase, and a shadow came sweeping up after me, and one fled before me into the darkness overhead. I came to the landing and stopped there for a moment, listening to a rustling that I fancied I heard; then, satisfied of the absolute silence, I pushed open the baize-covered door and stood in the corridor.

The effect was scarcely what I expected, for the moonlight, coming in by the great window on the grand staircase, picked out everything in vivid black shadow or silvery illumination. Everything was in its place: the house might have been deserted on the yesterday instead of eighteen months ago. There were candles in the sockets of the sconces, and whatever dust had gathered on the carpets or upon the polished flooring was distributed so evenly as to be invisible in the moonlight. I was about to advance, and stopped abruptly. A bronze group stood upon the landing, hidden from me by the corner of the wall, but its shadow fell with marvellous distinctness upon the white panelling, and gave me the impression of someone crouching to waylay me. I stood rigid for half a minute perhaps. Then, with my hand in the pocket that held my revolver, I advanced, only to discover a Ganymede and Eagle glistening in the moonlight. That incident for a time restored my nerve, and a porcelain Chinaman on a buhl table, whose head rocked silently as I passed him, scarcely startled me.

flackernden Licht meiner Kerze zuckten und zitterten die Schatten. Echo hallte mal vom oberen, mal vom unteren Ende der Wendeltreppe; ein Schatten kam hinter mir hergesaust, während ein anderer sich in die Dunkelheit über mir flüchtete. Ich erreichte den Treppenabsatz, auf dem ich einen Moment lang stehenblieb, um auf ein Rascheln zu lauschen, das ich gehört zu haben glaubte; erst als ich mich vergewissert hatte, dass alles totenstill war, stieß ich die grünbespannte Tür auf und trat in den Korridor.

Mir bot sich ein unerwarteter Anblick, denn durch das große Fenster im Haupttreppenhaus fiel das Mondlicht herein, sodass der Raum entweder in tiefschwarze Schatten oder aber in silbernes Licht getaucht war. Alles stand an seinem Platz; das Haus sah aus, als sei es erst gestern verlassen worden und nicht schon vor achtzehn Monaten. In den Haltern der Wandleuchter steckten Kerzen, und falls sich Staub über die Teppiche oder polierten Holzdielen gelegt hatte, war er so gleichmäßig verteilt, dass er im Mondlicht nicht zu sehen war. Ich wollte schon weitergehen, hielt aber unvermittelt inne. Verborgen hinter einem Mauervorsprung stand eine Bronzeskulptur auf dem Treppenabsatz und warf ihren Schatten so unglaublich deutlich auf die weiße Wandvertäfelung, dass ich den Eindruck hatte, es hocke dort jemand, um mir aufzulauern. Etwa eine halbe Minute stand ich wie erstarrt da, dann ging ich, die Hand in der Tasche mit dem Revolver, weiter und entdeckte einen im Mondlicht schimmernden Ganymed mit Adler. Angesichts dieser Erkenntnis beruhigten sich meine Nerven für eine Weile, sodass mich der Porzellanchinese auf dem Intarsientisch, dessen Kopf lautlos wackelte, als ich vorüberging, kaum erschrecken konnte.

The door to the red room and the steps up to it were in a shadowy corner. I moved my candle from side to side, in order to see clearly the nature of the recess in which I stood before opening the door. Here it was, thought I, that my predecessor was found, and the memory of that story gave me a sudden twinge of apprehension. I glanced over my shoulder at the Ganymede in the moonlight, and opened the door of the red room rather hastily, with my face half turned to the pallid silence of the landing.

I entered, closed the door behind me at once, turned the key I found in the lock within, and stood with the candle held aloft, surveying the scene of my vigil, the great red room of Lorraine Castle, in which the young duke had died. Or, rather, in which he had begun his dying, for he had opened the door and fallen headlong down the steps I had just ascended. That had been the end of his vigil, of his gallant attempt to conquer the ghostly tradition of the place, and never, I thought, had apoplexy better served the ends of superstition. And there were other and older stories that clung to the room, back to the half-credible beginning of it all, the tale of a timid wife and the tragic end that came to her husband's jest of frightening her. And looking around that large sombre room, with its shadowy window bays, its recesses and alcoves, one could well understand the legends that had sprouted in its black corners, its germinating darkness. My candle was a little tongue of light in its vastness, that failed to pierce the opposite end of the room, and left an ocean of mystery and suggestion beyond its island of light.

Die Tür zum roten Zimmer und die Stufen, die zu ihr hinaufführten, lagen in einer dunklen Ecke. Mit meiner Kerze leuchtete ich in alle Winkel der Nische, in der ich stand, bevor ich die Tür öffnete. An dieser Stelle, dachte ich, war mein Vorgänger gefunden worden, und mit der Erinnerung an diese Geschichte überfiel mich eine dunkle Vorahnung. Ich warf einen Blick zurück auf den Ganymed im Mondlicht und öffnete recht hastig, das Gesicht halb der fahlen Stille des Treppenabsatzes zugewandt, die Tür zum roten Zimmer.

Ich trat ein, schloss sofort die Tür hinter mir, drehte den Schlüssel um, der von innen steckte, und betrachtete mit emporgehaltener Kerze den Ort meiner Nachtwache, das große rote Zimmer von Lorraine Castle, in dem der junge Herzog gestorben war. Oder besser, in dem er zu sterben begonnen hatte, denn er hatte die Tür aufgerissen und war kopfüber die Stufen hinabgestürzt, die ich gerade erklommen hatte. Es war das Ende seiner Nachtwache und des rühmlichen Versuchs gewesen, die Spuktradition in diesem Haus zu bezwingen, und niemals, so dachte ich, hatte ein Schlaganfall dem Gespensterglauben bessere Dienste erwiesen. Um das Zimmer rankten sich noch andere, ältere Legenden, bis hin zu deren halbwegs glaubwürdigem Ursprung, der Geschichte über das tragische Ende einer ängstlichen Frau, die von ihrem Gatten im Spaß erschreckt worden war. Ein Blick durch den großen, düsteren Raum mit den im Dunkel liegenden Erkerfenstern, den Nischen und Alkoven, erklärte, warum die Dunkelheit der schwarzen Ecken ein guter Nährboden für Legenden war. Meine Kerze war nichts als eine kleine Feuerzunge in der unermesslichen Weite des Raums, den sie nicht bis an sein Ende durchdringen konnte, sodass sich jenseits ihrer kleinen Lichtinsel ein Meer aus Rätseln und Vermutungen auftat.

I resolved to make a systematic examination of the place at once, and dispel the fanciful suggestions of its obscurity before they obtained a hold upon me. After satisfying myself of the fastening of the door, I began to walk about the room, peering round each article of furniture, tucking up the valances of the bed, and opening its curtains wide. I pulled up the blinds and examined the fastenings of the several windows before closing the shutters, leant forward and looked up the blackness of the wide chimney, and tapped the dark oak panelling for any secret opening. There were two big mirrors in the room, each with a pair of sconces bearing candles, and on the mantelshelf, too, were more candles in china candlesticks. All these I lit one after the other. The fire was laid, an unexpected consideration from the old housekeeper, – and I lit it, to keep down any disposition to shiver, and when it was burning well, I stood round with my back to it and regarded the room again. I had pulled up a chintz-covered arm-chair and a table, to form a kind of barricade before me, and on this lay my revolver ready to hand. My precise examination had done me good, but I still found the remoter darkness of the place, and its perfect stillness, too stimulating for the imagination. The echoing of the stir and crackling of the fire was no sort of comfort to me. The shadow in the alcove at the end in particular, had that undefinable quality of a presence, that odd suggestion of a lurking, living thing, that comes so easily in silence and solitude. At last, to reassure myself, I walked with a candle into it,

Ich entschloss mich zu einer sofortigen systematischen Untersuchung des Zimmers, um die durch das Dunkel geweckten Ausgeburten der Phantasie zu verbannen, bevor sie Gewalt über mich gewannen. Nachdem ich mich vergewissert hatte, dass die Tür richtig zu war, begann ich im Zimmer umherzugehen, schaute hinter jedes Möbelstück, lüftete die Volants des Bettes und riss die dort hängenden Vorhänge weit auf. Ich zog die Rouleaus der verschiedenen Fenster hoch und überprüfte deren Riegel, bevor ich die Läden schloss, in die Schwärze des breiten Kamins hochblickte und die dunkle Eichenvertäfelung nach geheimen Öffnungen abklopfte. Im Zimmer gab es zwei große Spiegel, die jeweils von einem Paar Wandleuchtern mit Kerzen eingerahmt wurden, und auch auf dem Kaminsims standen Kerzen in Porzellanleuchtern. Ich zündete eine nach der anderen an. Im Kamin war Holz aufgeschichtet – eine unverhoffte Aufmerksamkeit der alten Haushälterin –, und ich machte Feuer, um jeden Anflug eines Fröstelns im Keim zu ersticken. Als es richtig brannte, kehrte ich ihm den Rücken zu und blickte mich noch einmal im Zimmer um. Ich hatte mir einen chintzbezogenen Sessel und einen Tisch als eine Art Barrikade zusammengeschoben, auf der mein Revolver griffbereit lag. Die eingehende Untersuchung des Zimmers hatte mir gutgetan, trotzdem empfand ich dessen dunkle Ecken und die absolute Stille noch als zu anregend für die Einbildungskraft. Das Geräusch des laut prasselnden Feuers wirkte keinesfalls beruhigend auf mich. Insbesondere die Schatten im Alkoven am anderen Ende des Zimmers gaben mir, wie es in Einsamkeit und Stille häufig geschieht, das undefinierbare Gefühl, als sei dort etwas Lebendiges, das mir auflauerte. Um mich zu beruhigen, schritt ich schließlich mit einer Kerze in den

and satisfied myself that there was nothing tangible there. I stood that candle upon the floor of the alcove, and left it in that position.

By this time I was in a state of considerable nervous tension, although to my reason there was no adequate cause for the condition. My mind, however, was perfectly clear. I postulated quite unreservedly that nothing supernatural could happen, and to pass the time I began to string some rhymes together, Ingoldsby fashion, of the original legend of the place. A few I spoke aloud, but the echoes were not pleasant. For the same reason I also abandoned, after a time, a conversation with myself upon the impossibility of ghosts and haunting. My mind reverted to the three old and distorted people downstairs, and I tried to keep it upon that topic. The sombre reds and blacks of the room troubled, me; even with seven candles the place was merely dim. The one in the alcove flared in a draught, and the fire-flickering kept the shadows and penumbra perpetually shifting and stirring. Casting about for a remedy, I recalled the candles I had seen in the passage, and, with a slight effort, walked out into the moonlight, carrying a candle and leaving the door open, and presently returned with as many as ten. These I put in various knick-knacks of china with which the room was sparsely adorned, lit and placed where the shadows had lain deepest, some on the floor, some in the window recesses, until at last my seventeen candles were so arranged that not an inch of the room but had the direct light of at least one of them. It occurred to me that when the ghost

Alkoven und vergewisserte mich, dass es dort nichts Konkretes gab. Ich stellte die Kerze auf den Boden des Alkovens und ließ sie dort.

Mittlerweile befand ich mich in einem Zustand erheblicher innerer Anspannung, obwohl mein Verstand mir sagte, dass es keinen hinreichenden Grund dafür gab. Mein Kopf war jedoch völlig klar. Mehr oder weniger vorbehaltlos ging ich davon aus, dass nichts Übernatürliches geschehen konnte, und um mir die Zeit zu vertreiben, begann ich im Stil von Ingoldsby die Ursprungslegende dieses Hauses in Reime zu fassen. Einige sprach ich laut, doch sie klangen unangenehm. Aus eben dem Grund brach ich nach einiger Zeit auch ein Selbstgespräch über die Unmöglichkeit von Spuk und Gespenstern ab. Meine Gedanken kehrten zu den drei missgestalteten alten Menschen im Untergeschoss zurück, und ich versuchte, bei diesem Thema zu bleiben. Die dunklen Rot- und Schwarztöne des Zimmers setzten mir zu; ungeachtet sieben brennender Kerzen herrschte lediglich Dämmerlicht. Die Kerze im Alkoven zuckte in einem Luftzug, und im unstet flackernden Schein des Feuers blieben die Schatten und Halbschatten ständig in Bewegung und verschoben sich ineinander. Auf der Suche nach Abhilfe erinnerte ich mich an die Kerzen, die ich im Gang gesehen hatte, und überwand mich, mit einer Kerze in der Hand ins Mondlicht hinauszugehen, ließ aber die Tür weit offenstehen und kehrte alsbald mit immerhin zehn Kerzen zurück. Diese stellte ich in diversen Porzellannippsachen auf, mit denen das Zimmer dürftig geschmückt war, zündete sie an und verteilte sie auf die Orte, an denen die Schatten am tiefsten waren, einige auf den Fußboden, andere in die Fensternischen, bis meine siebzehn Kerzen schließlich so verteilt waren, dass jeder Zentimeter des Raums zumindest von

came, I could warn him not to trip over them. The room was now quite brightly illuminated. There was something very cheery and reassuring in these little streaming flames, and snuffing them gave me an occupation, and afforded a helpful sense of the passage of time. Even with that, however, the brooding expectation of the vigil weighed heavily upon me. It was after midnight that the candle in the alcove suddenly went out, and the black shadow sprang back to its place there. I did not see the candle go out; I simply turned and saw that the darkness was there, as one might start and see the unexpected presence of a stranger. „By Jove!" said I aloud; „that draught's a strong one!" and, taking the matches from the table, I walked across the room in a leisurely manner, to relight the corner again. My first match would not strike, and as I succeeded with the second, something seemed to blink on the wall before me. I turned my head involuntarily, and saw that the two candles on the little table by the fireplace were extinguished. I rose at once to my feet.

„Odd!" I said. „Did I do that myself in a flash of absent-mindedness?"

I walked back, relit one, and as I did so, I saw the candle in the right sconce of one of the mirrors wink and go right out, and almost immediately its companion followed it. There was no mistake about it. The flame vanished, as if the wicks had been suddenly nipped between a finger and a thumb, leaving the wick neither glowing nor smoking, but black. While I stood gaping,

einer direkt beleuchtet wurde. Mir kam der Gedanke, dass ich das Gespenst, wenn es denn käme, warnen könnte, damit es nicht über eine Kerze stolperte. Das Zimmer war jetzt recht hell erleuchtet. Die kleinen, gleichmäßigen Flammen hatten etwas Fröhliches und Beruhigendes, außerdem verschaffte es mir Beschäftigung, ihre Dochte zu schneuzen, was die Zeit für mich schneller verstreichen ließ. Trotzdem lastete die bedrückende Aussicht auf die zu durchwachende Nacht schwer auf mir. Es war bereits nach Mitternacht, als plötzlich die Kerze im Alkoven ausging und der schwarze Schatten an seinen Platz zurücksprang. Ich hatte die Kerze nicht ausgehen sehen, sondern drehte mich nur um und sah die Dunkelheit, so wie jemand aufschrickt und unvermutet einen Fremden erblickt. «Potz Blitz!», rief ich laut. «Wenn das kein starker Luftzug ist!» Ich nahm die Zündhölzer vom Tisch und schritt gemächlich durchs Zimmer, um die Ecke erneut zu beleuchten. Mein erstes Zündholz brannte nicht, und als ich mit dem zweiten mehr Erfolg hatte, war mir, als blitzte etwas an der Wand vor mir auf. Unwillkürlich blickte ich mich um und sah, dass die beiden Kerzen auf dem kleinen Tisch am Kamin erloschen waren. Sofort richtete ich mich auf.

«Seltsam!», sagte ich. «War ich das selbst in einem Moment von Geistesabwesenheit?»

Ich ging zurück und zündete eine der Kerzen wieder an, und noch während ich damit beschäftigt war, sah ich die Kerze im rechten Wandleuchter neben einem der Spiegel kurz aufflackern und ausgehen, fast unmittelbar gefolgt von ihrer Nachbarin. Ich täuschte mich nicht: Die Flammen verglühten so schnell, als wären die Dochte zwischen Daumen und Finger erstickt worden, sodass sie weder nachglühten noch rauchten, sondern einfach schwarz

the candle at the foot of the bed went out, and the shadows seemed to take another step towards me.

„This won't do!" said I, and first one and then another candle on the mantelshelf followed.

„What's up?" I cried, with a queer high note getting into my voice somehow. At that the candle on the wardrobe went out, and the one I had relit in the alcove followed.

„Steady on!" I said. „These candles are wanted," speaking with a half-hysterical facetiousness, and scratching away at a match the while for the mantel candlesticks. My hands trembled so much that twice I missed the rough paper of the matchbox. As the mantel emerged from darkness again, two candles in the remoter end of the window were eclipsed. But with the same match I also relit the larger mirror candles, and those on the floor near the doorway, so that for the moment I seemed to gain on the extinctions. But then in a volley there vanished four lights at once in different corners of the room, and I struck another match in quivering haste, and stood hesitating whither to take it.

As I stood undecided, an invisible hand seemed to sweep out the two candles on the table. With a cry of terror, I dashed at the alcove, then into the corner, and then into the window, relighting three, as two more vanished by the fireplace; then, perceiving a better way, I dropped the matches on the iron-bound deed-box in the corner, and caught up the bedroom candlestick. With this I avoided the delay of striking

waren. Während ich noch mit offenem Mund dastand, ging die Kerze am Fußende des Bettes aus, und die Schatten schienen einen weiteren Schritt näher zu kommen.

«Das gibt es doch nicht!», rief ich, und schon folgte erst eine, dann eine zweite Kerze auf dem Kaminsims.

«Was geht hier vor?» Meine Stimme klang plötzlich unnatürlich hoch. Und schon ging die Kerze auf dem Schrank aus, gefolgt von der, die ich gerade im Alkoven neu angezündet hatte.

«Halt! Diese Kerzen werden gebraucht», versuchte ich es in halbhysterisch scherzendem Ton, während ich mich mit einem Zündholz für die Kerzen auf dem Kaminsims abmühte. Meine Hände zitterten so stark, dass ich die Reibefläche auf der Schachtel zweimal verfehlte. Als der Kaminsims wieder aus der Dunkelheit hervortrat, hörten zwei Kerzen am entlegenen Ende des Fensters auf zu brennen. Mit demselben Zündholz zündete ich jedoch auch die großen Kerzen am Spiegel an und diejenigen, die in Nähe der Tür auf dem Fußboden standen, sodass es zunächst schien, als hätte ich einen Vorsprung gegenüber dem Verlöschen gewonnen. Doch dann verglühten mit einem Schlag gleichzeitig vier Kerzen in verschiedenen Ecken des Zimmers. In bebender Hast strich ich ein neues Zündholz an und überlegte einen Moment lang zögernd, wohin ich damit gehen sollte.

Noch während ich unentschlossen dastand, schien eine unsichtbare Hand die beiden Kerzen auf dem Tisch auszudrücken. Mit einem entsetzten Aufschrei stürzte ich in den Alkoven, dann in die Ecke und dann zum Fenster, zündete drei Kerzen wieder an, während am Kamin zwei weitere verglühten; schließlich ersann ich eine bessere Methode, ließ die Zündhölzer auf die eiserne Urkundenkiste in der Ecke fallen und nahm mir den Schlafzimmerleuchter. So ersparte ich mir den

matches; but for all that the steady process of extinction went on, and the shadows I feared and fought against returned, and crept in upon me, first a step gained on this side of me and then on that. It was like a ragged storm-cloud sweeping out the stars. Now and then one returned for a minute, and was lost again. I was now almost frantic with the horror of the coming darkness, and my self-possession deserted me. I leaped panting and dishevelled from candle to candle, in a vain struggle against that remorseless advance.

I bruised myself on the thigh against the table, I sent a chair headlong, I stumbled and fell and whisked the cloth from the table in my fall. My candle rolled away from me, and I snatched another as I rose. Abruptly this was blown out, as I swung it off the table by the wind of my sudden movement, and immediately the two remaining candles followed. But there was light still in the room, a red light that staved off the shadows from me. The fire! Of course I could still thrust my candle between the bars and relight it!

I turned to where the flames were still dancing between the glowing coals, and splashing red reflections upon the furniture, made two steps towards the grate, and incontinently the flames dwindled and vanished, the glow vanished, the reflections rushed together and vanished, and as I thrust the candle between the bars darkness closed upon me like the shutting of an eye, wrapped about me in a stifling embrace, sealed my vision, and crushed the last vestiges of reason from my brain. The candle fell from my hand. I flung out my arms in a vain

Zeitverzug des Zündholzanreißens, doch der unaufhaltsame Prozess des Verlöschens ging trotzdem weiter; die gefürchteten und bekämpften Schatten kehrten zurück, krochen näher und näher, erst einen Schritt auf der einen, dann auf der anderen Seite. Es war, als zöge eine vom Sturm zerrissene Wolke über die Sterne. Hin und wieder kehrte einer einen kurzen Moment lang zurück, dann war er wieder verschwunden. Mittlerweile machte mich die Angst vor der drohenden Dunkelheit fast verrückt, und ich verlor meine Selbstbeherrschung. Keuchend und völlig aufgelöst sprang ich im vergeblichen Kampf gegen den unerbittlichen Vormarsch der Finsternis von Kerze zu Kerze.

Ich schlug mir den Schenkel am Tisch an, stieß einen Stuhl um, stolperte, stürzte und riss im Fallen die Tischdecke mit. Meine Kerze rollte davon, und ich griff noch im Aufstehen nach einer anderen. Doch als ich sie vom Tisch riss, blies sie der Luftzug meiner schwungvollen Bewegung auf der Stelle aus, und sofort folgten die beiden letzten Kerzen. Doch noch gab es Licht im Zimmer, ein rotes Licht, das die Schatten von mir fernhielt: Das Kaminfeuer! Natürlich! Ich konnte meine Kerze immer noch durch das Eisengitter stecken und neu anzünden!

Ich drehte mich zu den Flammen um, die noch zwischen den glühenden Kohlen tanzten und ihren roten Widerschein auf die Möbel warfen, machte zwei Schritte auf den Rost zu, und schnurstracks schrumpften die Flammen zusammen und verschwanden, die Glut verschwand, ihr Widerschein im Zimmer zog sich zusammen und erlosch, und als ich die Kerze durch die Gitterstäbe schob, senkte sich die Dunkelheit über mich, als schlösse sich ein Auge, umfing mich in einer erdrückenden Umarmung, nahm mir die Sicht und den letzten Funken Verstand. Die Kerze glitt mir aus der Hand. Im vergeblichen Versuch, die erdrückende Dunkelheit von mir zu schieben,

effort to thrust that ponderous blackness away from me, and, lifting up my voice, screamed with all my might – once, twice, thrice. Then I think I must have staggered to my feet. I know I thought suddenly of the moonlit corridor, and, with my head bowed and my arms over my face, made a run for the door.

But I had forgotten the exact position of the door, and struck myself heavily against the corner of the bed. I staggered back, turned, and was either struck or struck myself against some other bulky furniture. I have a vague memory of battering myself thus, to and fro in the darkness, of a cramped struggle, and of my own wild crying as I darted to and fro, of a heavy blow at last upon my forehead, a horrible sensation of falling that lasted an age, of my last frantic effort to keep my footing, and then I remember no more.

*

I opened my eyes in daylight. My head was roughly bandaged, and the man with the withered arm was watching my face. I looked about me, trying to remember what had happened, and for a space I could not recollect. I rolled my eyes into the corner, and saw the old woman, no longer abstracted, pouring out some drops of medicine from a little blue phial into a glass. „Where am I?" I asked; „I seem to remember you, and yet I cannot remember who you are."

They told me then, and I heard of the haunted Red Room as one who hears a tale. „We found you

streckte ich die Arme vor, erhob meine Stimme und schrie so laut ich konnte – einmal, zweimal, dreimal. Dann muss ich mich torkelnd wieder aufgerichtet haben. Ich weiß noch, dass mir plötzlich der mondhelle Korridor einfiel und ich mit eingezogenem Kopf und den Händen vorm Gesicht auf die Tür zurannte.

Doch ich hatte vergessen, wo genau die Tür sich befand, und stieß mit voller Wucht gegen einen Bettpfosten. Ich taumelte zurück, drehte mich um und wurde entweder geschlagen oder schlug mich selbst an einem anderen schweren Möbelstück an. Ich habe eine vage Erinnerung daran, wie ich immer wieder irgendwo anrempelnd durch die Dunkelheit torkelte; an einen verkrampften Kampf und mein eigenes schreckliches Schreien, während ich umherirrte; an einen schweren Schlag, der mich schließlich auf die Stirn traf, an das grauenhafte Gefühl, endlos lange zu stürzen, an meine letzten verzweifelten Versuche, mich auf den Beinen zu halten, und danach weiß ich von nichts mehr.

*

Als ich die Augen aufschlug, war es heller Tag. Mein Kopf war notdürftig verbunden, und der Mann mit dem verkrüppelten Arm sah mir ins Gesicht. Ich schaute mich um, versuchte mich daran zu erinnern, was geschehen war, doch eine Weile lang fiel mir nichts ein. Aus dem Augenwinkel heraus nahm ich die alte Frau wahr, die, nun nicht mehr geistesabwesend, aus einer kleinen blauen Flasche Medizin in ein Glas träufelte. «Wo bin ich?», fragte ich. «Ich glaube mich an Sie zu erinnern, weiß aber doch nicht, wer Sie sind.»

Sie sagten es mir, und ich hörte vom roten Spukzimmer wie jemand, dem eine Geschichte erzählt wurde. «Wir

at dawn," said he, „and there was blood on your forehead and lips."

It was very slowly I recovered my memory of my experience. „You believe now," said the old man, „that the room is haunted?" He spoke no longer as one who greets an intruder, but as one who grieves for a broken friend.

„Yes," said I; „the room is haunted."

„And you have seen it. And we, who have lived here all our lives, have never set eyes upon it. Because we have never dared... Tell us, is it truly the old earl who –"

„No," said I; „it is not."

„I told you so," said the old lady, with the glass in her hand. „It is his poor young countess who was frightened –"

„It is not," I said. „There is neither ghost of earl nor ghost of countess in that room, there is no ghost there at all; but worse, far worse –"

„Well?" they said.

„The worst of all the things that haunt poor mortal man," said I; „and that is, in all its nakedness – Fear! Fear that will not have light nor sound, that will not bear with reason, that deafens and darkens and overwhelms. It followed me through the corridor, it fought against me in the room –"

I stopped abruptly. There was an interval of silence. My hand went up to my bandages.

Then the man with the shade sighed and spoke. „That is it," said he. „I knew that was it. A power of darkness. To put such a curse upon a woman! It

haben Sie im Morgengrauen gefunden», sagte der Alte. «Sie hatten Blut auf der Stirn und auf den Lippen.»

Unendlich langsam kehrte die Erinnerung an meine Erlebnisse zurück. «Glauben Sie nun, dass es in dem Zimmer spukt?», fragte der Alte. Er klang nicht mehr, als spreche er zu einem Eindringling, sondern als trauere er mit einem gebrochenen Freund.

«Ja», erwiderte ich, «in dem Zimmer spukt es tatsächlich.»

«Und Sie haben es gesehen, während wir, die wir unser ganzes Leben hier verbrachten, noch nie etwas zu Gesicht bekommen haben. Weil wir nie gewagt haben … Sagen Sie uns, ist es wirklich der alte Graf, der …»

«Nein», erwiderte ich, «der ist es nicht.»

«Habe ich es nicht gesagt», meinte die alte Dame mit dem Glas in der Hand. «Es ist seine arme junge Gräfin, die schreckliche Angst hatte …»

«Sie ist es nicht», sagte ich. «In dem Zimmer spukt weder der Geist des Grafen noch der der Gräfin. Es gibt dort überhaupt kein Gespenst, sondern etwas Schlimmeres, etwas viel Schlimmeres …»

«Was denn?»

«Das Schlimmste von allem, was uns arme Sterbliche heimsucht», erwiderte ich, «und das ist, in all ihrer Nacktheit – die Angst! Angst, die weder Licht noch Lärm kennt, der mit dem Verstand nicht beizukommen ist, die uns taub und blind macht und uns überwältigt. Sie ist mir durch den Korridor gefolgt und hat sich im Zimmer gegen mich erhoben …»

Ich hielt inne. Eine Zeit lang herrschte Schweigen. Meine Hand tastete nach dem Verband.

Da seufzte der Mann mit dem Blendschutz und begann zu reden. «Das ist es», sagte er. «Ich wusste es. Eine dunkle Macht. Einer Frau einen solchen Fluch aufzuerlegen! Sie lauert dort

lurks there always. You can feel it even in the daytime, even of a bright summer's day, in the hang-
ings, in the curtains, keeping behind you however
you face about. In the dusk it creeps along the
corridor and follows you, so that you dare not turn.
There is Fear in that room of hers – black Fear, and
there will be – so long as this house of sin en-
dures."

ständig. Man spürt sie selbst untertags, selbst an strahlendhellen Sommertagen, in den Wandteppichen, in den Vorhängen, wo man auch hinsieht, sie steckt immer hinter einem. In der Abenddämmerung schleicht sie über den Korridor und verfolgt einen, sodass man sich nicht umzuschauen traut. In diesem Zimmer wohnt die Angst ... die schwarze Angst, und sie wird immer dort sein, solange dieses Haus der Sünde steht.»

SAKI
The Open Window

"My aunt will be down presently, Mr Nuttel,"
said a very self-possessed young lady of fifteen; "in
the meantime you must try and put up with me."

Framton Nuttel endeavoured to say the correct
something which should duly flatter the niece of the
moment without unduly discounting the aunt that
was to come. Privately he doubted more than ever
whether these formal visits on a succession of total
strangers would do much towards helping the nerve
cure which he was supposed to be undergoing.

"I know how it will be," his sister had said when
he was preparing to migrate to this rural retreat;
"you will bury yourself down there and not speak
to a living soul, and your nerves will be worse
than ever from moping. I shall just give you letters of introduction to all the people I know there.
Some of them, as far as I can remember, were quite
nice."

Framton wondered whether Mrs Sappleton, the
lady to whom he was presenting one of the letters of
introduction, came into the nice division.

"Do you know many of the people round here?"
asked the niece, when she judged that they had had
sufficient silent communion.

"Hardly a soul," said Framton. "My sister was
staying here, at the rectory, you know, some four
years ago, and she gave me letters of introduction to
some of the people here."

SAKI
# Die offene Terrassentür

«Meine Tante wird gleich unten sein, Mr Nuttel», sagte
eine sehr selbstsichere junge Dame von fünfzehn Jahren.
«Bis dahin müssen Sie bitte mit mir vorliebnehmen.»

Framton Nuttel wollte unbedingt das Richtige sagen,
etwas, das der anwesenden Nichte gebührend schmeichelte,
ohne den Wert der angekündigten Tante ungebührlich
zu schmälern. Insgeheim bezweifelte er mehr denn je, ob
diese Folge formeller Besuche bei vollkommen fremden
Menschen der Nervenkur, der er sich unterziehen sollte, besonders zuträglich sein würde.

«Ich weiß, wie das aussehen wird», hatte seine Schwester
gesagt, als er den Rückzug aufs Land vorbereitete. «Du
wirst dich dort unten vergraben und mit keiner Menschen-
seele ein Wort wechseln. Und vor lauter Trübsal blasen
wird es deinen Nerven schlechter gehen als jemals zuvor.
Ich gebe dir einfach ein Empfehlungsschreiben an alle
Menschen mit, die ich dort kenne. Soweit ich mich erinnere,
waren einige von ihnen recht nett.»

Framton fragte sich, ob Mrs Sappleton, die Dame, der er
eines dieser Empfehlungsschreiben überreichen sollte, zu
der netten Sorte zählte.

«Kennen Sie viele Leute hier in der Gegend?», fragte
die Nichte, als sie zu dem Schluss kam, dass sie sich lange
genug angeschwiegen hatten.

«Kaum jemanden», erwiderte Framton. «Doch meine
Schwester hat vor etwa vier Jahren eine Weile im hiesigen
Pfarrhaus gelebt, und sie hat mir Empfehlungsbriefe an ein
paar Leute mitgegeben.»

He made the last statement in a tone of distinct regret.

"Then you know practically nothing about my aunt?" pursued the self-possessed young lady.

"Only her name and address," admitted the caller. He was wondering whether Mrs Sappleton was in the married or widowed state. An undefinable something about the room seemed to suggest masculine habitation.

"Her great tragedy happened just three years ago," said the child; "that would be since your sister's time."

"Her tragedy?" asked Framton; somehow in this restful country spot tragedies seemed out of place.

"You may wonder why we keep that window wide open on an October afternoon," said the niece, indicating a large French window that opened on to a lawn.

"It is quite warm for the time of the year," said Framton; "but has that window got anything to do with the tragedy?"

"Out through that window, three years ago to a day, her husband and her two young brothers went off for their day's shooting. They never came back. In crossing the moor to their favourite snipe-shooting ground they were all three engulfed in a treacherous piece of bog. It had been that dreadful wet summer, you know, and places that were safe in other years gave way suddenly without warning. Their bodies were never recovered. That was the dreadful part of it." Here the child's voice lost its self-possessed note and became falteringly human. "Poor aunt always thinks that they will come

In seiner letzten Bemerkung schwang eindeutig Bedauern mit.

«Dann wissen Sie so gut wie nichts über meine Tante?», fuhr die selbstsichere junge Dame fort.

«Nur den Namen und die Adresse», gab der Besucher zu. Er fragte sich, ob Mrs Sappleton verheiratet oder im Witwenstand war. Ein undefinierbares Etwas im Zimmer schien auf männliche Bewohner hinzuweisen.

«Ihre große Tragödie liegt erst drei Jahre zurück», sagte das Mädchen, «es war also nach dem Aufenthalt Ihrer Schwester.»

«Ihre Tragödie?», fragte Framton. Tragödien schienen ihm nicht zu diesem ruhigen Flecken auf dem Land zu passen.

«Vielleicht fragen Sie sich, warum wir an einem Oktobernachmittag das Fenster dort weit offen stehen lassen», sagte die Nichte und deutete auf eine große Terrassentür, die auf einen Rasen hinausführte.

«Es ist recht warm für die Jahreszeit», sagte Framton, «oder hat die Terrassentür etwas mit der Tragödie zu tun?»

«Durch diese Tür sind auf den Tag genau vor drei Jahren ihr Ehemann und ihre beiden jüngeren Brüder zur Jagd aufgebrochen. Sie kehrten nie zurück. Auf dem Weg übers Moor zu ihrem bevorzugten Schnepfenrevier sind alle drei in einem heimtückischen Sumpfstück versunken. Wissen Sie, es war in diesem fürchterlich feuchten Sommer, und Untergrund, der in anderen Jahren als sicher galt, gab ganz plötzlich und ohne Vorwarnung nach. Man hat ihre Leichen nie gefunden. Das war das Schlimmste.» Ihre Stimme begann zu stocken, und das Mädchen klang nun nicht mehr selbstsicher, sondern ganz menschlich. «Meine arme Tante glaubt immer noch, dass sie eines Tages zurück-

back someday, they and the little brown spaniel that was lost with them, and walk in at that window just as they used to do. That is why the window is kept open every evening till it is quite dusk. Poor dear aunt, she has often told me how they went out, her husband with his white waterproof coat over his arm, and Ronnie, her youngest brother, singing 'Bertie, why do you bound?' as he always did to tease her, because she said it got on her nerves. Do you know, sometimes on still, quiet evenings like this, I almost get a creepy feeling that they will all walk in through that window –"

She broke off with a little shudder. It was a relief to Framton when the aunt bustled into the room with a whirl of apologies for being late in making her appearance.

"I hope Vera has been amusing you?" she said.

"She has been very interesting," said Framton.

"I hope you don't mind the open window," said Mrs Sappleton briskly; "my husband and brothers will be home directly from shooting, and they always come in this way. They've been out for snipe in the marshes today, so they'll make a fine mess over my poor carpets. So like you menfolk, isn't it?"

She rattled on cheerfully about the shooting and the scarcity of birds, and the prospects for duck in the winter. To Framton it was all purely horrible. He made a desperate but only partially successful effort to turn the talk on to a less ghastly topic ; he was conscious that his hostess was giving him only a fragment of her attention, and her eyes were con-

kommen – sie und der kleine braune Spaniel, der mit ihnen verschwunden ist – und genau wie immer zur Terrassentür hereinspazieren werden. Darum bleibt die Tür jeden Abend offen, bis es richtig dunkel ist. Die arme, liebe Tante hat mir oft erzählt, wie sie losgezogen sind; ihr Mann mit dem wasserdichten weißen Mantel überm Arm und Ronnie, ihr jüngster Bruder, mit dem Lied ‹Bertie, warum hüpfst du so?› auf den Lippen. Das hat er immer gesungen, wenn er sie piesacken wollte, weil es ihr, wie sie sagte, auf die Nerven ging. Wissen Sie, an stillen, ruhigen Abenden wie diesem beschleicht mich manchmal fast das gruselige Gefühl, sie könnten jeden Moment durch die Tür treten …»

Sie verstummte mit einem kleinen Schauder. Framton fühlte sich erleichtert, als die Tante, übersprudelnd vor Entschuldigungen für ihre Verspätung, ins Zimmer geeilt kam.

«Ich hoffe, Vera hat Sie unterhalten?», sagte sie.

«Es war sehr interessant», erwiderte Framton.

«Die offene Terrassentür stört Sie hoffentlich nicht», sagte Mrs Sappleton recht munter. «Mein Mann und meine Brüder müssen jeden Moment von der Jagd zurückkehren, und sie nehmen immer diesen Eingang. Heute sind sie im Moor auf Schnepfenjagd gegangen, da werden sie ordentlich Dreck auf meinen armen Teppichen machen. Männer, so sind sie nun mal, nicht wahr?»

Sie plauderte fröhlich weiter über die Jagd, dass es so wenig Vögel zu schießen gebe und ob es ein guter Entenwinter werden würde. Für Framton war das alles nur grauenvoll. Er machte einen verzweifelten, aber nur mäßig erfolgreichen Versuch, das Gespräch auf ein weniger gruseliges Thema zu lenken; er merkte, dass seine Gastgeberin ihm nur einen Bruchteil ihrer Aufmerksamkeit schenkte

stantly straying past him to the open window and the lawn beyond. It was certainly an unfortunate coincidence that he should have paid his visit on this tragic anniversary.

"The doctors agree in ordering me complete rest, an absence of mental excitement, and avoidance of anything in the nature of violent physical exercise," announced Framton, who laboured under the tolerably widespread delusion that total strangers and chance acquaintances are hungry for the least detail of one's ailments and infirmities, their cause and cure. "On the matter of diet they are not so much in agreement," he continued.

"No?" said Mrs Sappleton, in a voice which only replaced a yawn at the last moment. Then she suddenly brightened into alert attention – but not to what Framton was saying.

"Here they are at last!" she cried. "Just in time for tea, and don't they look as if they were muddy up to the eyes!"

Framton shivered slightly and turned towards the niece with a look intended to convey sympathetic comprehension. The child was staring out through the open window with a dazed horror in her eyes. In a chill shock of nameless fear Framton swung round in his seat and looked in the same direction.

In the deepening twilight three figures were walking across the lawn towards the window, they all carried guns under their arms, and one of them was additionally burdened with a white coat hung over his shoulders. A tired brown spaniel kept close at their heels. Noiselessly they neared the house,

und ihr Blick ständig an ihm vorbei zum offenen Fenster und dem Rasen dahinter wanderte. Es war wirklich eine unglückselige Fügung, dass er seinen Besuch ausgerechnet an diesem tragischen Jahrestag machen musste.

«Die Ärzte haben mir einhellig vollkommene Ruhe und das Vermeiden jeder Art von geistiger Aufregung oder körperlicher Anstrengung verordnet», verkündete Framton, der sich in dem weitverbreiteten Irrglauben wiegte, dass wildfremde Menschen und Zufallsbekanntschaften bis ins letzte Detail über persönliche Beschwerden und Gebrechen, deren Ursache und Behandlung Bescheid wissen wollten. «Was die richtige Ernährung angeht, herrscht allerdings weniger Einigkeit», fuhr er fort.

«Nein?», fragte Mrs Sappleton in einem Ton, der gerade noch ein Gähnen unterdrückte. Dann hellte sich ihre Miene plötzlich auf und wurde wach und aufmerksam – allerdings galt der Ausdruck nicht Framtons Ausführungen.

«Da sind sie endlich!», rief sie. «Gerade rechtzeitig zum Tee! Und sie sehen aus, als stünde ihnen der Dreck bis über die Ohren!»

Framton schauderte es ein wenig, und er wandte sich mit einem Blick zu der Nichte um, der Anteilnahme und Verständnis signalisieren sollte. Das Mädchen starrte durch die offene Tür, Verstörung und Grauen in den Augen. Framton gefror vor namenlosem Entsetzen das Blut in den Adern; er wirbelte auf seinem Stuhl herum und blickte in dieselbe Richtung.

In der zunehmenden Dämmerung kamen drei Gestalten über den Rasen auf die Terrassentür zugeschritten; jede trug ein Gewehr unterm Arm, und einer hatte noch die zusätzliche Last eines weißen Mantels um die Schultern hängen. Ein müder brauner Spaniel folgte ihnen dicht auf den Fersen. Geräuschlos näherten sie sich dem Haus, bis plötzlich eine

and then a hoarse young voice chanted out of the dusk: "I said, Bertie, why do you bound?"

Framton grabbed wildly at his stick and hat; the hall door, the gravel drive, and the front gate were dimly noted stages in his headlong retreat. A cyclist coming along the road had to run into the hedge to avoid imminent collision.

"Here we are, my dear," said the bearer of the white mackintosh, coming in through the window, "fairly muddy, but most of it's dry. Who was that who bolted out as we came up?"

"A most extraordinary man, a Mr Nuttel," said Mrs Sappleton; "could only talk about his illnesses, and dashed off without a word of goodbye or apology when you arrived. One would think he had seen a ghost."

"I expect it was the spaniel," said the niece calmly; "he told me he had a horror of dogs. He was once hunted into a cemetery somewhere on the banks of the Ganges by a pack of pariah dogs, and had to spend the night in a newly dug grave with the creatures snarling and grinning and foaming just above him. Enough to make anyone lose their nerve."

Romance at short notice was her speciality

heisere junge Stimme aus der Dämmerung herüberschallte: «Und ich sag, Bertie, warum hüpfst du so?»

Framton griff panisch nach Stock und Hut; die Haustür, die kiesbestreute Auffahrt und das Eingangstor waren nebelhaft wahrgenommene Stationen seines überstürzten Rückzugs. Ein Radfahrer, der die Straße entlangkam, musste in die Hecke ausweichen, um einem Zusammenstoß mit ihm zu entgehen.

«Da wären wir, meine Liebe», sagte der Mann mit dem weißen Regenmantel und trat durch die Terrassentür. «Ziemlich schmutzig, aber das meiste davon ist trocken. Wer hat denn da gerade Reißaus genommen, als wir gekommen sind?»

«Ein höchst merkwürdiger Mensch, ein Mr Nuttel», erwiderte Mrs Sappleton. «Er kannte kein anderes Thema als seine Krankheiten, und als ihr kamt, ist er ohne ein Abschiedswort oder eine Entschuldigung davongestürzt. Man könnte meinen, er hätte ein Gespenst gesehen.»

«Vermutlich war es der Spaniel», meinte die Nichte seelenruhig. «Er hat mir erzählt, dass er panische Angst vor Hunden hat. Einmal ist er irgendwo an den Ufern des Ganges von einem Rudel Pariahunde auf einen Friedhof gejagt worden und musste die ganze Nacht in einem frisch ausgehobenen Grab verbringen, während die Biester über ihm knurrten, geiferten und die Zähne fletschten. Da hätte wohl jeder die Nerven verloren.»

Improvisierte Schauergeschichten waren ihre Spezialität.

JOSEPH SHERIDAN LE FANU
An Authentic Narrative of a
Haunted House

Within the last eight years – the precise date I pur-
posely omit – I was ordered by my physician, my
health being in an unsatisfactory state, to change my
residence to one upon the sea-coast; and accordingly,
I took a house for a year in a fashionable watering-
place, at a moderate distance from the city in which
I had previously resided, and connected with it by a
railway.

Winter was setting in when my removal thither
was decided upon; but there was nothing whatever
dismal or depressing in the change. The house I had
taken was to all appearance, and in point of convenience, too, quite a modern one. It formed one in
a cheerful row, with small gardens in front, facing
the sea, and commanding sea air and sea views in
perfection. In the rear it had coach-house and stable,
and between them and the house a considerable
grass-plot, with some flower-beds, interposed.

Our family consisted of my wife and myself,
with three children, the eldest about nine years old,
she and the next in age being girls; and the youngest, between six and seven, a boy. To these were
added six servants, whom, although for certain
reasons I decline giving their real names, I shall
indicate, for the sake of clearness, by arbitrary ones.
There was a nurse, Mrs Southerland; a nursery-
maid, Ellen Page; the cook, Mrs Greenwood; and
the housemaid, Ellen Faith; a butler, whom I shall

Die wahre Geschichte eines
Spukhauses

Innerhalb der vergangenen acht Jahre – das genaue Datum
lasse ich bewusst beiseite – wurde mir, da mein Gesund-
heitszustand zu wünschen übrig ließ, vom Arzt empfohlen,
meinen Wohnsitz an die Küste zu verlegen; und so nahm
ich mir für ein Jahr ein Haus in einem modischen Seebad,
das nicht allzu weit von der Stadt, in der ich vorher gelebt
hatte, entfernt lag und mit ihr durch eine Eisenbahnlinie
verbunden war.

Es herrschte bereits Winter, als mein Umzug dorthin
beschlossen wurde, doch der Wechsel hatte absolut nichts
Düsteres oder Bedrückendes. Das Haus, das ich angemietet
hatte, war allem Anschein nach, auch in Bezug auf den
Komfort, recht modern. Es war Teil einer heiter anmuten-
den Häuserzeile mit kleinen Vorgärten, ging aufs Meer
hinaus und bot Seeluft und Seepanorama in Vollendung.
Im hinteren Teil des Grundstücks lagen Remise und Stall,
die von dem Haus durch eine ansehnliche Rasenfläche mit
einigen Blumenbeeten darin getrennt waren.

Unsere Familie bestand aus meiner Frau, mir und den
drei Kindern, von denen das älteste etwa neun Jahre alt
und wie das nächstälteste ein Mädchen war; das jüngste
war ein Junge im Alter zwischen sechs und sieben Jahren.
Hinzu kamen noch sechs Dienstboten, denen ich, auch
wenn ich aus gewissen Gründen ihre wahren Namen nicht
nennen will, der Verständlichkeit halber erfundene Namen
gebe. Zu ihnen gehörte die Kinderfrau Mrs Southerland;
ein Kindermädchen namens Ellen Page; die Köchin Mrs
Greenwood und das Hausmädchen Ellen Faith; ein Butler,

call Smith, and his son, James, about two-and-twenty.

We came out to take possession at about seven o'clock in the evening; every thing was comfortable and cheery; good fires lighted, the rooms neat and airy, and a general air of preparation and comfort, highly conducive to good spirits and pleasant anticipations.

The sitting-rooms were large and cheerful, and they and the bed-rooms more than ordinarily lofty, the kitchen and servants' rooms, on the same level, were well and comfortably furnished, and had, like the rest of the house, an air of recent painting and fitting up, and a completely modern character, which imparted a very cheerful air of cleanliness and convenience.

There had been just enough of the fuss of settling agreeably to occupy us, and to give a pleasant turn to our thoughts after we had retired to our rooms. Being an invalid, I had a small bed to myself – resigning the four-poster to my wife. The candle was extinguished, but a night-light was burning. I was coming upstairs, and she, already in bed, had just dismissed her maid, when we were both startled by a wild scream from her room; I found her in a state of the extremest agitation and terror. She insisted that she had seen an unnaturally tall figure come beside her bed and stand there. The light was too faint to enable her to define anything respecting this apparition, beyond the fact of her having most distinctly seen such a shape, colourless from the insuffi-

den ich Smith nennen will, und sein Sohn, der etwa zwei-
undzwanzigjährige James.

Wir kamen gegen sieben Uhr abends heraus, um das
Haus zu beziehen. Alles war komfortabel und freundlich;
es brannten schöne Feuer, die Zimmer waren ordentlich
und luftig und machten insgesamt einen gepflegten und
behaglichen Eindruck, was der guten Stimmung und Vor-
freude äußerst zuträglich war.

Die großen und freundlichen Wohnzimmer waren wie
die Schlafzimmer höher als gewöhnlich; Küche und Dienst-
botenzimmer im selben Geschoss hatten anständiges und
bequemes Mobiliar und schienen, wie der Rest des Hauses,
erst vor Kurzem neu gestrichen und ausgestattet worden
zu sein. Die ganz und gar moderne Anmutung verlieh dem
Haus eine sehr heitere Atmosphäre von Sauberkeit und
Komfort.

Es hatte gerade genug Einzugstrubel gegeben, um uns
angenehm zu beschäftigen, sodass wir uns in einer heite-
ren Gemütsverfassung in unsere Zimmer zurückzogen.
Wegen meiner Erkrankung hatte ich ein kleines Bett für
mich – das große Himmelbett überließ ich meiner Frau.
Die Kerze war gelöscht, doch ein Nachtlicht brannte. In
dem Augenblick, als ich die Treppe hinaufkam, hatte meine
Frau, die bereits im Bett lag, gerade ihr Mädchen fort-
geschickt; und wir wurden beide von einem entsetzlichen
Schrei aus ihrem Zimmer erschreckt. Ich fand meine Frau
in einem Zustand äußerster Erregung und Angst vor. Sie
behauptete steif und fest, sie habe eine unnatürlich große
Gestalt gesehen, die an ihr Bett getreten und dort stehen-
geblieben sei. Wegen des schwachen Lichts konnte sie
keine näheren Angaben über die Erscheinung machen, sie
wusste nur, dass sie ganz deutlich etwas gesehen hatte, das

ciency of the light to disclose more than its dark outline.

We both endeavoured to re-assure her. The room once more looked so cheerful in the candlelight, that we were quite uninfluenced by the contagion of her terrors. The movements and voices of the servants downstairs still getting things into their places and completing our comfortable arrangements, had also their effect in steeling us against any such influence, and we set the whole thing down as a dream, or an imperfectly-seen outline of the bed-curtains. When, however, we were alone, my wife reiterated, still in great agitation, her clear assertion that she had most positively seen, being at the time as completely awake as ever she was, precisely what she had described to us. And in this conviction she continued perfectly firm.

A day or two after this, it came out that our servants were under an apprehension that, somehow or other, thieves had established a secret mode of access to the lower part of the house. The butler, Smith, had seen an ill-looking woman in his room on the first night of our arrival; and he and other servants constantly saw, for many days subsequently, glimpses of a retreating figure, which corresponded with that so seen by him, passing through a passage which led to a back area in which were some coal-vaults.

This figure was seen always in the act of retreating, its back turned, generally getting round the corner of the passage into the area, in a stealthy and hurried way, and, when closely followed, imperfectly seen again entering one of the coal-

im Halbdunkel farblos und nur als dunkle Silhouette hervorgetreten war.

Das Mädchen und ich bemühten uns, sie zu beruhigen. Im Kerzenlicht wirkte das Zimmer gleich wieder so heiter, dass wir uns von ihrer Angst nicht anstecken ließen. Auch die Schritte und Stimmen der Dienstboten, die im Untergeschoss noch aufräumten und die Einrichtungen zu unserer Bequemlichkeit vervollständigten, trugen dazu bei, uns gegen solche Anfechtungen zu wappnen, sodass wir uns die ganze Geschichte mit einem Traum oder den undeutlich gesehenen Konturen eines Bettvorhangs erklärten. Doch als wir allein waren, wiederholte meine immer noch sehr aufgewühlte Frau nachdrücklich die Behauptung, dass sie, da sie zum betreffenden Zeitpunkt hellwach gewesen sei, ganz sicher genau das gesehen habe, was sie uns beschrieben hatte. An dieser Überzeugung hielt sie unerschütterlich fest.

Ein oder zwei Tage nach diesem Vorfall stellte sich heraus, dass unsere Dienstboten befürchteten, Diebe hätten sich auf die eine oder andere geheimnisvolle Weise Zugang zum unteren Teil des Hauses verschafft. Smith, der Butler, hatte am Abend unserer Ankunft eine krank wirkende Frau in seinem Zimmer gesehen; danach hatten er und andere Dienstboten an mehreren aufeinanderfolgenden Tagen in einem Gang zu den Kohlekammern im hinteren Bereich des Hauses immer wieder eine zurückweichende Gestalt erblickt, die der von ihm gesehenen glich.

Man hatte die Gestalt ausnahmslos zurückweichend und von hinten gesehen, und jedes Mal war sie in verstohlener Hast um eine Ecke des Ganges in jenem Gebäudeteil gebogen. Heftete man sich ihr an die Fersen, sah man sie undeutlich in einer Kohlenkammer ver-

vaults, and when pursued into it, nowhere to be found.

The idea of anything supernatural in the matter had, strange to say, not yet entered the mind of anyone of the servants. They had heard some stories of smugglers having secret passages into houses, and using their means of access for purposes of pillage, or with a view to frighten superstitious people out of houses which they needed for their own objects, and a suspicion of similar practices here caused them extreme uneasiness. The apparent anxiety also manifested by this retreating figure to escape observation, and her always appearing to make her egress at the same point, favoured this romantic hypothesis. The men, however, made a most careful examination of the back area, and of the coal-vaults, with a view to discover some mode of egress, but entirely without success. On the contrary, the result was, so far as it went, subversive of the theory; solid masonry met them on every hand.

I called the man, Smith, up, to hear from his own lips the particulars of what he had seen; and certainly his report was very curious. I give it as literally as my memory enables me:

His son slept in the same room, and was sound asleep; but he lay awake, as men sometimes will on a change of bed, and having many things on his mind. He was lying with his face towards the wall, but observing a light and some little stir in the room, he turned round in his bed, and saw the figure of a woman, squalid, and ragged in dress; her figure rather low and broad; as well as I recollect, she had

schwinden, doch folgte man ihr hinein, war sie nirgends zu finden.

Der Gedanke, es könne etwas Übernatürliches im Spiel sein, war merkwürdigerweise noch keinem der Dienstboten gekommen. Sie hatten ein paar Geschichten über Schmuggler gehört, die Geheimgänge in Gebäude hatten und diese nutzten, um zu plündern oder um abergläubische Menschen aus den Häusern zu vergraulen, die sie für ihre eigenen Zwecke benötigten; der Verdacht, es hier mit einem ähnlichen Fall zu tun zu haben, weckte bei der Dienerschaft höchste Besorgnis. Dass die zurückweichende Gestalt offenbar unter keinen Umständen beobachtet werden wollte und immer an derselben Stelle zu verschwinden schien, begünstigte diese romantische These. Zwar untersuchten die männlichen Dienstboten den hinteren Bereich des Hauses und die Kohlenkammern äußerst gründlich auf einen möglichen Ausgang, hatten aber keinerlei Erfolg. Mehr noch, das Ergebnis der Suche widersprach sogar weitestgehend ihrer Theorie, denn sie trafen überall nur auf festes Mauerwerk.

Ich rief den Dienstboten Smith zu mir herauf, um aus seinem Mund nähere Einzelheiten über das zu hören, was er gesehen hatte; sein Bericht war tatsächlich sehr seltsam. Ich gebe ihn so wörtlich wieder, wie es mir mein Gedächtnis erlaubt:

Sein Sohn schlief im selben Zimmer und lag in tiefem Schlummer, doch Smith war wach, wie es einem manchmal in einem neuen Bett ergeht, und grübelte vor sich hin. Sein Gesicht war der Wand zugekehrt, doch als er ein Licht und eine leichte Bewegung im Zimmer registrierte, drehte er sich im Bett um und erblickte die Gestalt einer verwahrlosten Frau in geflickten Kleidern; sie war recht klein und gedrungen, hatte, soweit ich mich erinnere, etwas überge-

something – either a cloak or shawl – on, and wore a bonnet. Her back was turned, and she appeared to be searching or rummaging for something on the floor, and, without appearing to observe him, she turned in doing so towards him. The light, which was more like the intense glow of a coal, as he described it, being of a deep red colour, proceeded from the hollow of her hand, which she held beside her head, and he saw her perfectly distinctly. She appeared middle-aged, was deeply pitted with the smallpox, and blind of one eye. His phrase in describing her general appearance was, that she was "a miserable, poor-looking creature".

He was under the impression that she must be the woman who had been left by the proprietor in charge of the house, and who had that evening, after having given up the keys, remained for some little time with the female servants. He coughed, there-fore, to apprize her of his presence, and turned again towards the wall. When he again looked round she and the light were gone; and odd as was her method of lighting herself in her search, the circumstances excited neither uneasiness nor curiosity in his mind, until he discovered next morning that the woman in question had left the house long before he had gone to his bed.

I examined the man very closely as to the ap-pearance of the person who had visited him, and the result was what I have described. It struck me as an odd thing, that even then, considering how prone to superstition persons in his rank of life usually are, he did not seem to suspect any thing supernatural in the occurrence; and, on the contrary, was thoroughly

zogen – entweder ein Cape oder einen Schal – und trug eine Haube. Sie kehrte ihm den Rücken zu und schien auf dem Fußboden nach etwas zu suchen oder zu scharren, wobei sie sich, anscheinend ohne ihn zu bemerken, zu ihm umdrehte. Das Licht, das er mir, da es tiefrot war, eher als intensives Glühen einer Kohle beschrieb, kam aus ihrer hohlen Hand, die sie neben dem Kopf hielt, und er konnte sie ganz deutlich sehen. Sie schien mittleren Alters zu sein, war schlimm von Pockennarben entstellt und auf einem Auge blind. Ihre Gesamterscheinung beschrieb er mit der Formulierung, sie sei «eine erbärmliche, armselig aussehende Kreatur».

Er hatte den Eindruck, dass es sich um die Frau handeln musste, die vom Eigentümer mit der Obhut über das Haus betraut worden war und die an jenem Abend, nachdem sie die Schlüssel schon übergeben hatte, noch eine Weile beim weiblichen Dienstpersonal geblieben war. Um sie auf seine Anwesenheit aufmerksam zu machen, hustete er, und drehte sich dann wieder zur Wand. Als er sich das nächste Mal umdrehte, waren die Frau und das Licht verschwunden; und mochte die Methode, mit der sie sich bei ihrer Suche Licht verschaffte, auch noch so seltsam gewesen sein, rief der Vorfall bei ihm weder Unbehagen noch Verwunderung hervor, bis er am nächsten Morgen erfuhr, dass die betreffende Frau das Haus schon lange, bevor er zu Bett ging, verlassen hatte.

Ich befragte den Mann sehr ausführlich über das Aussehen der Person, die ihn besucht hatte, und bekam das oben Beschriebene zur Antwort. Da Angehörige seiner Gesellschaftsschicht in der Regel recht abergläubisch sind, kam es mir seltsam vor, dass er immer noch nichts Übernatürliches hinter dem Ereignis vermutete, sondern, ganz im Gegenteil, vollauf davon überzeugt war, dass es sich bei

persuaded that his visitant was a living person, who had got into the house by some hidden entrance.

On Sunday, on his return from his place of worship, he told me that, when the service was ended, and the congregation making their way slowly out, he saw the very woman in the crowd, and kept his eye upon her for several minutes, but such was the crush, that all his efforts to reach her were unavailing, and when he got into the open street she was gone. He was quite positive as to his having distinctly seen her, however, for several minutes, and scouted the possibility of any mistake as to identity; and fully impressed with the substantial and living reality of his visitant, he was very much provoked at her having escaped him. He made inquiries also in the neighbourhood, but could procure no information, nor hear of any other persons having seen any woman corresponding with his visitant.

The cook and the housemaid occupied a bed-room on the kitchen floor. It had whitewashed walls, and they were actually terrified by the appearance of the shadow of a woman passing and repassing across the side wall opposite to their beds. They suspected that this had been going on much longer than they were aware, for its presence was discovered by a sort of accident, its movements happening to take a direction in distinct contrariety to theirs.

This shadow always moved upon one particular wall, returning after short intervals, and causing them extreme terror. They placed the candle, as the most obvious specific, so close to the infested wall, that the flame all but touched it; and believed for

seinem Besuch um eine lebende Person handelte, die durch einen verborgenen Eingang ins Haus gelangt war.

Als er am Sonntag aus seiner Kirche zurückkam, erzählte er mir, dass er genau dieselbe Frau nach dem Ende des Gottesdienstes, als die Gemeinde langsam nach draußen strömte, in der Menge entdeckt und sie mehrere Minuten lang im Auge behalten habe; da aber das Gedränge so groß gewesen sei, habe er es nicht geschafft, näher an sie heranzukommen, und bis er endlich draußen auf der Straße war, sei sie verschwunden gewesen. Trotzdem war er sich ganz sicher, sie mehrere Minuten lang deutlich gesehen zu haben, und tat jede Möglichkeit einer Verwechselung verächtlich ab; da er von der Echtheit und Lebendigkeit seiner Besucherin so vollends überzeugt war, ärgerte es ihn umso mehr, dass sie ihm entkommen konnte. Er erkundigte sich auch in der Nachbarschaft nach ihr, brachte aber nichts in Erfahrung; niemand anderes hatte eine Frau gesehen, die seiner Besucherin glich.

Die Köchin und das Hausmädchen bewohnten ein Zimmer im Küchengeschoss. Es hatte weißgetünchte Wände, und ihnen graute tatsächlich vor dem Schatten einer Frau, der an der Seitenwand gegenüber den Betten hin und her huschte. Sie vermuteten, dass dies schon viel länger vor sich ging, als ihnen bewusst war, denn sie hatten den Schatten nur durch eine Art Zufall bemerkt, weil seine Bewegungen eindeutig in eine andere, entgegengesetzte Richtung gingen als ihre eigenen.

Der Schatten huschte immer nur über eine bestimmte Wand, kam nach kurzen Unterbrechungen wieder und löste bei ihnen große Angst aus. Sie stellten die Kerze als naheliegendes Gegenmittel so dicht an die betroffene Wand, dass die Flamme sie fast berührte, und glaubten eine

some time that they had effectually got rid of this annoyance; but one night, notwithstanding this arrangement of the light, the shadow returned, passing and repassing, as heretofore, upon the same wall, although their only candle was burning within an inch of it, and it was obvious that no substance capable of casting such a shadow could have interposed; and, indeed, as they described it, the shadow seemed to have no sort of relation to the position of the light, and appeared as in manifest defiance of the laws of optics.

I ought to mention that the housemaid was a particularly fearless sort of person, as well as a very honest one; and her companion, the cook, a scrupulously religious woman, and both agreed in every particular in their relation of what occurred.

Meanwhile, the nursery was not without its annoyances, though as yet of a comparatively trivial kind. Sometimes, at night, the handle of the door was turned hurriedly as if by a person trying to come in, and at others a knocking was made at it. These sounds occurred after the children had settled to sleep, and while the nurse still remained awake. Whenever she called to know "who is there," the sounds ceased; but several times, and particularly at first, she was under the impression that they were caused by her mistress, who had come to see the children, and thus impressed she had got up and opened the door, expecting to see her, but discovering only darkness, and receiving no answer to her inquiries.

With respect to this nurse, I must mention that I believe no more perfectly trustworthy servant was ever employed in her capacity; and, in addition to

Zeit lang, sie seien die ärgerliche Störung losgeworden; doch eines Nachts kehrte der Schatten trotz des Lichts zurück, huschte wie zuvor auf derselben Wand hin und her, obwohl ihre einzige Kerze nur wenige Zentimeter davon entfernt brannte und es offensichtlich war, dass nichts Materielles, das einen derart großen Schatten werfen könnte, dazwischengepasst hätte. So, wie sie es beschrieben, schien der Schatten tatsächlich völlig unabhängig von der Position des Kerzenlichts zu sein und sich den Gesetzen der Optik eindeutig zu widersetzen.

Ich sollte erwähnen, dass das Hausmädchen nicht nur eine ausgesprochen furchtlose, sondern auch eine sehr ehrliche Person war, und ihre Gefährtin, die Köchin, eine überaus fromme Frau. Ihre Schilderungen des Ereignisses deckten sich bis ins letzte Detail.

Mittlerweile blieb auch das Kinderzimmer nicht verschont, obwohl die Störungen dort vergleichsweise harmlos waren. In manchen Nächten wurde der Türknauf schnell gedreht, als versuche jemand hineinzukommen, in anderen klopfte es an der Tür. Die Geräusche traten erst auf, als die Kinder schon schliefen, die Kinderfrau aber noch wach war. Jedes Mal, wenn sie rief « Wer ist dort? », verstummten die Geräusche; allerdings hatte sie, vor allem anfangs, mehrmals den Eindruck, sie kämen von ihrer Herrin, die nach den Kindern schauen wollte, und war deshalb aufgestanden, um ihr die Tür zu öffnen, hatte aber statt der Hausherrin nur Dunkelheit gesehen und keine Antwort auf ihre Fragen erhalten.

Was die Kinderfrau angeht, muss ich erwähnen, dass man meiner Meinung nach keine vertrauenswürdigere Dienstbotin für diese Aufgabe hätte einstellen können;

her integrity, she was remarkably gifted with sound common sense.

One morning, I think about three or four weeks after our arrival, I was sitting at the parlour window which looked to the front, when I saw the little iron door which admitted into the small garden that lay between the window where I was sitting and the public road, pushed open by a woman who so exactly answered the description given by Smith of the woman who had visited his room on the night of his arrival as instantaneously to impress me with the conviction that she must be the identical person. She was a square, short woman, dressed in soiled and tattered clothes, scarred and pitted with small-pox, and blind of an eye. She stepped hurriedly into the little enclosure, and peered from a distance of a few yards into the room where I was sitting. I felt that now was the moment to clear the matter up; but there was something stealthy in the manner and look of the woman which convinced me that I must not appear to notice her until her retreat was fairly cut off. Unfortunately, I was suffering from a lame foot, and could not reach the bell as quickly as I wished. I made all the haste I could, and rang violently to bring up the servant Smith. In the short interval that intervened, I observed the woman from the window, who having in a leisurely way, and with a kind of scrutiny, looked along the front windows of the house, passed quickly out again, closing the gate after her, and followed a lady who was walking along the footpath at a quick pace, as if with the intention of begging from her. The

neben ihrer Rechtschaffenheit war sie außerdem mit einem bemerkenswert gesunden Menschenverstand ausgestattet.

Eines Morgens, ich glaube, es muss ungefähr drei oder vier Wochen nach unserer Ankunft gewesen sein, saß ich an dem zur Vorderseite des Hauses hinausgehenden Salonfenster und sah, wie die kleine Eisentür zum Vorgarten, der zwischen meinem Fenster und der Straße lag, von einer Frau geöffnet wurde, auf die Smiths Beschreibung der Frau, die in der Ankunftsnacht sein Zimmer besucht hatte, so genau zutraf, dass ich auf der Stelle davon überzeugt war, es müsse sich um ein und dieselbe Person handeln. Sie war eine gedrungene, kleine Frau in schmutzigen, geflickten Kleidern, von Pocken-narben gezeichnet und entstellt und auf einem Auge blind. Eilig trat sie in den kleinen Vorgarten und spähte aus wenigen Metern Abstand in das Zimmer, in dem ich saß. Jetzt, dachte ich, war der Moment gekommen, die Angelegenheit zu klären; doch etwas Verstohlenes im Betragen und im Blick der Frau sagte mir, dass ich auf keinen Fall den Anschein erwecken durfte, sie bemerkt zu haben, bis ihr der Rückweg mehr oder weniger abge-schnitten war. Leider hatte ich einen kranken Fuß und humpelte, sodass ich nicht so schnell zur Glocke kam, wie ich wollte. Ich beeilte mich, so sehr ich konnte, und läutete wie wild nach dem Diener Smith. In der kurzen Zeitspan-ne bis zu seiner Ankunft beobachtete ich vom Fenster aus die Frau: Nachdem sie gemächlich und mit einer Art prüfendem Blick die vorderen Fenster betrachtet hatte, verließ sie hastig wieder den Garten, schloss die Tür hinter sich und heftete sich einer Dame an die Fersen, die eiligen Schrittes den Gehweg entlangkam, als wolle sie diese anbetteln. Sobald der Dienstbote eintrat, sagte ich zu

moment the man entered I told him – "the blind woman you described to me has this instant followed a lady in that direction, try to overtake her." He was, if possible, more eager than I in the chase, but returned in a short time after a vain pursuit, very hot, and utterly disappointed. And, thereafter, we saw her face no more.

All this time, and up to the period of our leaving the house, which was not for two or three months later, there occurred at intervals the only phenomenon in the entire series having any resemblance to what we hear described of "Spiritualism". This was a knocking, like a soft hammering with a wooden mallet, as it seemed in the timbers between the bedroom ceilings and the roof. It had this special peculiarity, that it was always rythmical, and, I think, invariably, the emphasis upon the last stroke. It would sound rapidly "one, two, three, *four* – one, two, three, *four;*" or "one, two, *three* – one, two, *three*," and sometimes "one, *two* – one, *two*," &c., and this, with intervals and resumptions, monotonously for hours at a time.

At first this caused my wife, who was a good deal confined to her bed, much annoyance; and we sent to our neighbours to inquire if any hammering or carpentering was going on in their houses but were informed that nothing of the sort was taking place. I have myself heard it frequently, always in the same inaccessible part of the house, and with the same monotonous emphasis. One odd thing about it was, that on my wife's calling out, as she used to do when it became more than usually troublesome, "stop

ihm: «Die blinde Frau, die Sie mir beschrieben haben, hat gerade eben die Verfolgung einer Dame in jene Richtung aufgenommen, versuchen Sie, sie einzuholen.» Er zeigte, wenn das überhaupt möglich war, noch mehr Jagdeifer als ich, kehrte aber kurze Zeit später unverrichteter Dinge, sehr erhitzt und zutiefst enttäuscht zurück. Nach diesem Vorfall bekamen wir ihr Gesicht nicht mehr zu sehen.

Diese ganze Zeit über und bis zu dem Tag etwa zwei oder drei Monate später, an dem wir das Haus wieder verließen, kam es in Abständen zu der einzigen Erscheinung in der ganzen Reihe, die überhaupt Ähnlichkeit mit dem hatte, was wir als «Geisterglauben» kennen. Es handelte sich um ein Klopfen, das wie das leichte Schlagen eines Holzhammers klang und anscheinend von den Latten zwischen der Schlafzimmerdecke und dem Dach kam. Es hatte die besondere Eigenart, immer rhythmisch zu sein, und meiner Meinung nach lag die Betonung ausnahmslos auf dem letzten Schlag. «Eins, zwei, drei, *vier* – eins, zwei, drei, *vier*», klang es schnell hintereinanderweg, oder «eins, zwei, *drei* – eins, zwei, *drei*», und manchmal «eins, *zwei* – eins, *zwei*» usw., und das mit Pausen und Wiederaufnahmen monoton mehrere Stunden am Stück.

Anfangs fühlte sich meine Frau, die oft das Bett hüten musste, dadurch sehr gestört, und wir ließen bei unseren Nachbarn anfragen, ob in ihren Häusern irgendwelche Hämmer- oder Zimmermannsarbeiten ausgeführt würden, doch man richtete uns aus, das nichts dergleichen der Fall sei. Ich hörte es selbst oft, immer im selben unzugänglichen Teil des Hauses und im gleichen monotonen Takt. Seltsam an der Sache war, dass das Geräusch unverzüglich für längere oder kürzere Zeit verstummte, sobald meine Frau, wie sie es oft tat, wenn

that noise," it was invariably arrested for a longer or shorter time.

Of course none of these occurrences were ever mentioned in hearing of the children. They would have been, no doubt, like most children, greatly terrified had they heard any thing of the matter, and known that their elders were unable to account for what was passing; and their fears would have made them wretched and troublesome.

They used to play for some hours every day in the back garden – the house forming one end of this oblong inclosure, the stable and coach-house the other, and two parallel walls of considerable height the sides. Here, as it afforded a perfectly safe playground, they were frequently left quite to themselves; and in talking over their days' adventures, as children will, they happened to mention a woman, or rather the woman, for they had long grown familiar with her appearance, whom they used to see in the garden while they were at play. They assumed that she came in and went out at the stable door, but they never actually saw her enter or depart. They merely saw a figure – that of a very poor woman, soiled and ragged – near the stable wall, stooping over the ground, and apparently grubbing in the loose clay in search of something. She did not disturb, or appear to observe them; and they left her in undisturbed possession of her nook of ground. When seen it was always in the same spot, and similarly occupied; and the description they gave of her general appearance – for they never saw her face – corresponded with that of the one-eyed woman whom Smith, and subsequently, as it seemed, I had seen.

es besonders lästig wurde, «Schluss mit dem Lärm» schrie.

Natürlich wurde keiner dieser Vorfälle jemals in Hörweite der Kinder erwähnt. Wie die meisten Kinder hätten sie sich zweifellos sehr geängstigt, wenn sie etwas von der Geschichte mitbekommen und dann erfahren hätten, dass ihre Eltern ihnen die Ereignisse nicht richtig erklären konnten; ihre Ängste hätten sie nur unglücklich und überempfindlich gemacht.

Sie spielten jeden Tag ein paar Stunden im hinteren Garten – das längliche Grundstück wurde am einen Ende vom Haus, am anderen von Stall und Remise und an den Seiten von zwei ziemlich hohen, parallel verlaufenden Mauern begrenzt. Da sich so ein absolut sicherer Spielplatz ergab, wurden sie dort oft allein gelassen. Als sie, wie es Kinder gerne tun, über ihre Erlebnisse am Tag redeten, erwähnten sie eine Frau, oder besser, die Frau, denn ihr Anblick im Garten war ihnen beim Spielen längst vertraut geworden. Sie nahmen an, dass sie durch die Stalltür aus und ein ging, doch hatten sie ihr Kommen und Gehen nie wirklich mitbekommen. Alles, was sie sahen, war die Gestalt einer sehr armen, schmutzigen Frau in geflickten Kleidern, die sich nahe der Stallwand zum Boden hinunterbeugte und anscheinend auf der Suche nach etwas im lockeren Lehm grub. Sie störte die Kinder nicht, ja, schien sie nicht einmal zu bemerken; und diese ließen wiederum die Frau in ihrer Ecke des Grundstücks in Ruhe. Sie tauchte immer nur an derselben Stelle auf und war immer auf gleiche Weise beschäftigt; die Beschreibung, die die Kinder von ihrer allgemeinen Erscheinung gaben – ihr Gesicht bekamen sie nie zu sehen – traf auf die einäugige Frau zu, die Smith und anscheinend später auch ich selbst erblickt hatten.

The other man, James, who looked after a mare which I had purchased for the purpose of riding exercise, had, like every one else in the house, his little trouble to report, though it was not much. The stall in which, as the most comfortable, it was decided to place her, she peremptorily declined to enter. Though a very docile and gentle little animal, there was no getting her into it. She would snort and rear, and, in fact, do or suffer any thing rather than set her hoof in it. He was fain, therefore, to place her in another. And on several occasions he found her there, exhibiting all the equine symptoms of extreme fear. Like the rest of us, however, this man was not troubled in the particular case with any superstitious qualms. The mare had evidently been frightened; and he was puzzled to find out how, or by whom, for the stable was well-secured, and had, I am nearly certain, a lock-up yard outside.

One morning I was greeted with the intelligence that robbers had certainly got into the house in the night; and that one of them had actually been seen in the nursery. The witness, I found, was my eldest child, then, as I have said, about nine years of age. Having awoke in the night, and lain awake for some time in her bed, she heard the handle of the door turn, and a person whom she distinctly saw – for it was a light night, and the window-shutters unclosed – but whom she had never seen before, stepped in on tiptoe, and with an appearance of great caution. He was a rather small man, with a very red face; he wore an oddly cut frock coat, the

Der andere Bedienstete, James, der sich um eine Stute kümmerte, die ich gekauft hatte, um mir mit dem Reiten Bewegung zu verschaffen, hatte wie alle anderen Hausbewohner von einem kleinen Ärgernis zu berichten, auch wenn es nichts Besonderes war. Die Stute weigerte sich entschieden, die für sie ausersehene Box, die bequemste des Stalls, zu betreten. Obwohl es sich um ein sehr frommes und sanftmütiges Tier handelte, war sie nicht hineinzubringen. Sie schnaubte, bäumte sich auf und hätte alles getan oder in Kauf genommen, um nur keinen Huf hineinsetzen zu müssen. James sah sich deshalb genötigt, sie in einer anderen Box unterzustellen. Des Öfteren hatte er sie auch dort mit allen für ein Pferd typischen Symptomen äußerster Furcht vorgefunden. Doch wie wir anderen wurde der Bedienstete in diesem Fall von keinerlei abergläubischen Ängsten geplagt. Die Stute war offensichtlich erschreckt worden; und er hatte keine Erklärung dafür, wie oder durch wen, da der Stall fest verriegelt war und, ich bin mir fast sicher, der Hof davor abgesperrt werden konnte.

Eines Morgens wurde ich mit der Nachricht begrüßt, dass in der Nacht Diebe im Haus gewesen sein mussten, und einer von ihnen sogar im Kinderzimmer gesehen worden war. Als Zeugin erwies sich meine älteste Tochter, die damals, wie ich bereits sagte, etwa neun Jahre alt war. Sie war in der Nacht aufgewacht und hatte eine Weile schlaflos im Bett gelegen, als sie hörte, wie sich der Türknauf drehte und eine Person, die sie deutlich erblickte – es war nämlich eine helle Nacht und die Fensterläden waren nicht geschlossen –, aber nie zuvor gesehen hatte, auf Zehenspitzen und anscheinend äußerst verstohlen hereinschlich. Es handelte sich um einen recht kleinwüchsigen Mann mit sehr rotem Gesicht; er trug einen merkwürdig geschnittenen Gehrock mit aufgestelltem

collar of which stood up, and trousers, rough and wide, like those of a sailor, turned up at the ankles, and either short boots or clumsy shoes, covered with mud. This man listened beside the nurse's bed, which stood next the door, as if to satisfy himself that she was sleeping soundly; and having done so for some seconds, he began to move cautiously in a diagonal line, across the room to the chimney-piece, where he stood for a while, and so resumed his tiptoe walk, skirting the wall, until he reached a chest of drawers, some of which were open, and into which he looked, and began to rummage in a hurried way, as the child supposed, making search for something worth taking away. He then passed on to the window, where was a dressing-table, at which he also stopped, turning over the things upon it, and standing for some time at the window as if looking out, and then resuming his walk by the side wall opposite to that by which he had moved up to the window, he returned in the same way toward the nurse's bed, so as to reach it at the foot. With its side to the end wall, in which was the door, was placed the little bed in which lay my eldest child, who watched his proceedings with the extremest terror. As he drew near she instinctively moved herself in the bed, with her head and shoulders to the wall, drawing up her feet; but he passed by without appearing to observe, or, at least, to care for her presence. Immediately after the nurse turned in her bed as if about to waken; and when the child, who had drawn the clothes about her head, again ventured to peep out, the man was gone.

Kragen, grobe weite Hosen, die denen eines Matrosen glichen und an den Fußgelenken umgeschlagen waren, und entweder Stiefel oder schwere, dreckverschmierte Schuhe. Der Mann blieb lauschend am Bett der Kinderfrau stehen, das sich neben der Tür befand, als wolle er sich vergewissern, dass sie fest schlief. Nach ein paar Sekunden begann er, sich in diagonaler Linie vorsichtig durch das Zimmer zum Kaminsims zu bewegen, an dem er eine Weile stehenblieb, um dann an der Wand entlang seinen Zehenspitzengang fortzusetzen, bis er an eine Kommode gelangte, bei der einige Schubladen offenstanden, in die er hineinschaute und, wie das Kind vermutete, auf der Suche nach etwas Stehlenswertem hastig durchwühlte. Als Nächstes ging er zu dem Frisiertisch am Fenster, vor dem er ebenfalls innehielt; er begutachtete die Gegenstände auf dem Tisch und verharrte dann eine Zeit lang am Fenster, als blickte er hinaus. Schließlich setzte er seinen Weg an der Wand fort, die derjenigen gegenüberlag, an der entlang er sich zum Fenster bewegt hatte, und kehrte auf die gleiche Weise ans Bett der Kinderfrau zurück, sodass er an dessen Fußende ankam. Das kleine Bett, in dem mein ältestes Kind lag, das seine Bewegungen in größter Angst verfolgt hatte, stand mit der langen Seite an der Stirnwand mit der Zimmertür. Als der Mann näher kam, bewegte sie sich unwillkürlich im Bett; Kopf und Schultern an die Wand gedrückt, zog sie die Beine an, doch er ging an ihr vorbei, ohne sie zu bemerken oder sich an ihrer Gegenwart zu stören. Im nächsten Augenblick drehte sich die Kinderfrau im Bett herum, als würde sie gleich aufwachen, und als das Kind, das sich die Laken über den Kopf gezogen hatte, wieder darunter hervorzuschauen wagte, war der Mann verschwunden.

The child had no idea of her having seen any thing more formidable than a thief. With the prowling, cautious, and noiseless manner of proceeding common to such marauders, the air and movements of the man whom she had seen entirely corresponded. And on hearing her perfectly distinct and consistent account, I could myself arrive at no other conclusion than that a stranger had actually got into the house. I had, therefore, in the first instance, a most careful examination made to discover any traces of an entrance having been made by any window into the house. The doors had been found barred and locked as usual; but no sign of any thing of the sort was discernible. I then had the various articles – plate, wearing apparel, books, &c. – counted; and after having conned over and reckoned up every thing, it became quite clear that nothing whatever had been removed from the house, nor was there the slightest indication of any thing having been so much as disturbed there. I must here state that this child was remarkably clear, intelligent, and observant; and that her description of the man, and of all that had occurred, was most exact, and as detailed as the want of perfect light rendered possible.

I felt assured that an entrance had actually been effected into the house, though for what purpose was not easily to be conjectured. The man, Smith, was equally confident upon this point; and his theory was that the object was simply to frighten us out of the house by making us believe it haunted; and he was more than ever anxious and on the alert to discover the conspirators. It often since appeared

Auf den Gedanken, etwas Schlimmeres als einen Dieb gesehen zu haben, kam das Kind nicht. Das Auftreten und die Bewegungen des Mannes, den es beobachtet hatte, deckten sich vollkommen mit der schleichenden, verstohlenen und lautlosen Vorgehensweise, die solchen Einbrechern zu eigen ist. Als ich den sehr klaren und stimmigen Bericht hörte, kam ich selbst zu keinem anderen Schluss, als dass tatsächlich ein Fremder ins Haus eingedrungen war. Deshalb veranlasste ich als ersten Schritt eine äußerst sorgfältige Untersuchung aller Fenster des Hauses auf etwaige Spuren eines gewaltsamen Eindringens. Die Türen hatte man verschlossen und verriegelt wie immer vorgefunden, und auch an den Fenstern wurden keinerlei verräterische Zeichen entdeckt. Dann ließ ich verschiedene Artikel durchzählen – Geschirr, Kleidung, Bücher usw. –, und nachdem alles peinlich aufgelistet und zusammengerechnet worden war, stellte sich recht deutlich heraus, dass nichts im Haus fehlte, des Weiteren gab es nicht den geringsten Hinweis darauf, dass irgendetwas auch nur angerührt worden wäre. An dieser Stelle muss ich erklären, dass das Kind besonders verständig, intelligent und aufmerksam war. Den Mann und alle Geschehnisse hatte es so exakt und so ausführlich beschrieben, wie es unter den unvollkommenen Lichtverhältnissen möglich war.

Ich glaubte fest daran, dass sich jemand Zugang zum Haus verschafft hatte, nur zu welchem Zweck, erschloss sich nicht so ohne Weiteres. Der Diener Smith war sich in dieser Sache ebenfalls sicher; seine Theorie lautete, dass der Einbrecher einfach gekommen sei, um uns aus dem Haus zu graulen, indem er uns Glauben machte, dass es dort spuke. Smith war in Alarmbereitschaft und entschlossener denn je, die Verschwörer ausfindig zu machen. Im Nach-

to me odd. Every year, indeed, more odd, as this cumulative case of the marvellous becomes to my mind more and more inexplicable – that underlying my sense of mystery and puzzle was all along the quiet assumption that all these occurrences were one way or another referable to natural causes. I could not account for them, indeed, myself; but during the whole period I inhabited that house, I never once felt, though much alone, and often up very late at night, any of those tremors and thrills which every one has at times experienced when situation and the hour are favourable. Except the cook and housemaid, who were plagued with the shadow I mentioned crossing and recrossing upon the bedroom wall, we all, without exception, experienced the same strange sense of security, and regarded these phenomena rather with a perplexed sort of interest and curiosity than with any more unpleasant sensations.

The knockings at the nursery door, preceded generally by the sound of a step on the lobby, meanwhile continued. At that time (for my wife, like myself, was an invalid) two eminent physicians, who came out occasionally by rail, were attending us. These gentlemen were at first only amused, but ultimately interested, and very much puzzled by the occurrences which we described. One of them, at last, recommended that a candle should be kept burning upon the lobby. It was in fact a recurrence to an old woman's recipe against ghosts – of course it might be serviceable, too, against impostors; at all events, seeming, as I have said, very much interested and puzzled, he advised it, and it was tried. We fan-

hinein ist mir dies alles oft seltsam vorgekommen. Und wie mir diese Häufung wundersamer Vorfälle mit jedem Jahr unerklärlicher erscheint, finde ich umso seltsamer, dass meiner Ratlosigkeit und Verwunderung die ganze Zeit die ruhige Annahme zugrunde lag, alle Ereignisse seien auf die eine oder andere Art auf natürliche Ursachen zurückzuführen. Ich selbst hatte zwar tatsächlich keine Erklärung für sie, spürte aber trotzdem während der ganzen Zeit, die ich in dem Haus wohnte und in der ich oft allein war und bis spät in die Nacht aufblieb, nicht einmal das Unbehagen und die Schauer der Angst, die jeder schon einmal erlebt hat, wenn die Umstände und die Tageszeit dem zuträglich waren. Abgesehen von der Köchin und dem Hausmädchen, die von dem erwähnten Schatten geplagt wurden, der an der Schlafzimmerwand hin und her huschte, fühlten wir uns ausnahmslos eigenartig sicher und betrachteten die Phänomene eher mit einer Art verdutztem Interesse und mit Neugierde als mit unangenehmeren Gefühlen.

Indessen dauerte das Klopfen an der Kinderzimmertür, dem meist das Geräusch von Schritten in der Eingangshalle voranging, an. Zu jener Zeit kümmerten sich (da meine Frau genau wie ich kränkelte) zwei angesehene Ärzte um uns, die gelegentlich mit der Bahn herauskamen. Anfangs waren diese Herren nur amüsiert, aber letztendlich doch auch interessiert und sehr erstaunt über die von uns beschriebenen Vorfälle. Einer von ihnen riet schließlich, dass immer eine Kerze in der Eingangshalle brennen sollte. Genau genommen handelte es sich um den Rückgriff auf ein Altweiberrezept gegen Geister, das natürlich auch bei Betrügern gute Dienste leisten könnte. Wie auch immer: Er wirkte, wie ich bereits sagte, sehr interessiert und erstaunt, als er es empfahl, und so wurde es ausprobiert. Wir

cied that it was successful; for there was an interval of quiet for, I think, three or four nights. But after that, the noises – the footsteps on the lobby – the knocking at the door, and the turning of the handle recommenced in full force, notwithstanding the light upon the table outside; and these particular phenomena became only more perplexing than ever.

The alarm of robbers and smugglers gradually subsided after a week or two; but we were again to hear news from the nursery. Our second little girl, then between seven and eight years of age, saw in the night time – she alone being awake – a young woman, with black, or very dark hair, which hung loose, and with a black cloak on, standing near the middle of the floor, opposite the hearthstone, and fronting the foot of her bed. She appeared quite unobservant of the children and nurse sleeping in the room. She was very pale, and looked, the child said, both "sorry and frightened," and with something very peculiar and terrible about her eyes, which made the child conclude that she was dead. She was looking, not at, but in the direction of the child's bed, and there was a dark streak across her throat, like a scar with blood upon it. This figure was not motionless; but once or twice turned slowly, and without appearing to be conscious of the presence of the child, or the other occupants of the room, like a person in vacancy or abstraction. There was on this occasion a night-light burning in the chamber; and the child saw, or thought she saw, all these particulars with the most perfect distinctness. She got her head under the bed-clothes; and although a good

bildeten uns ein, dass es wirkte, denn es trat eine Ruhepause von etwa drei oder vier Nächten ein. Doch danach kehrten die Geräusche – die Schritte in der Eingangshalle, das Klopfen an der Tür und das Drehen des Türknaufs – trotz des Lichts draußen auf dem Tisch in voller Stärke zurück, und die eigenartigen Phänomene nahmen nur noch verwirrendere Ausmaße an.

Nach ein oder zwei Wochen legte sich die Angst vor Dieben oder Schmugglern allmählich, doch wir sollten noch einmal etwas aus dem Kinderzimmer hören. Unsere zweite kleine Tochter, die damals zwischen sieben und acht Jahre alt war, sah in der Nacht, als sie allein wach war, eine junge Frau mit schwarzem oder sehr dunklem, offen herabhängendem Haar und einem schwarzen Umhang mitten im Zimmer gegenüber dem Kamin stehen und zum Fußende ihres Bettes blicken. Sie schien die Kinder und die Kinderfrau, die im Zimmer schliefen, nicht weiter zu beachten. Das Kind berichtete, sie sei sehr blass gewesen und habe gleichzeitig «bemitleidenswert und ängstlich» ausgesehen. Um die Augen herum habe sie außerdem so sonderbar und grauenerregend gewirkt, dass das Kind zu dem Schluss kam, sie müsse tot sein. Sie schaute zwar nicht auf das Bett des Kindes, aber in seine Richtung, und an ihrem Hals war ein dunkler Streifen, der wie eine blutige Narbe aussah. Die Gestalt war nicht reglos, sondern drehte sich ein- oder zweimal langsam um die eigene Achse, schien sich dabei aber wie ein geistesabwesender oder abgelenkter Mensch der Gegenwart des Kindes oder der anderen im Zimmer nicht bewusst zu sein. An diesem Abend brannte ein Nachtlicht im Raum, und das Kind sah – oder glaubte zu sehen – alle diese Einzelheiten ganz klar und deutlich. Es zog sich die Bettdecke über den Kopf, und obwohl seither

many years have passed since then, she cannot recall the spectacle without feelings of peculiar horror.

One day, when the children were playing in the back garden, I asked them to point out to me the spot where they were accustomed to see the woman who occasionally showed herself near the stable wall. There was no division of opinion as to this precise point, which they indicated in the most distinct and confident way. I suggested that, perhaps, something might be hidden there in the ground; and advised them digging a hole there with their little spades, to try for it. Accordingly, to work they went, and by my return in the evening they had grubbed up a piece of a jawbone, with several teeth in it. The bone was very much decayed, and ready to crumble to pieces, but the teeth were quite sound. I could not tell whether they were human grinders; but I showed the fossil to one of the physicians I have mentioned, who came out the next evening, and he pronounced them human teeth. The same conclusion was come to a day or two later by the other medical man. It appears to me now, on reviewing the whole matter, almost unaccountable that, with such evidence before me, I should not have got in a labourer, and had the spot effectually dug and searched. I can only say, that so it was. I was quite satisfied of the moral truth of every word that had been related to me, and which I have here set down with scrupulous accuracy. But I experienced an apathy, for which neither then nor afterwards did I quite know how to account. I had a vague but immovable impression that the whole affair was referable to natural agencies. It was not

viele Jahre verstrichen sind, kann es sich nur mit äußerstem Grauen an den Anblick erinnern.

Als die Kinder eines Tages im rückwärtigen Garten spielten, bat ich sie, mir die Stelle zu zeigen, an der sie die Frau, die gelegentlich in Nähe der Stallwand auftauchte, normalerweise sahen. Es herrschte unter ihnen völlige Einmütigkeit über den Ort, den sie sehr klar und überzeugt anzeigten. Ich deutete an, dass dort vielleicht etwas im Boden vergraben liege, und bat sie, mit ihren kleinen Schaufeln ein Loch zu graben und nachzusehen. Daraufhin machten sie sich gleich an die Arbeit, und als ich am Abend zurückkehrte, hatten sie ein Stück Kieferknochen mit mehreren Zähnen ausgegraben. Der Knochen war bereits sehr verwittert und drohte jeden Moment zu zerbröseln, doch die Zähne waren noch ziemlich intakt. Ich konnte nicht beurteilen, ob es sich um die Backenzähne eines Menschen handelte, doch ich zeigte das Fossil einem der bereits erwähnten Ärzte, der am folgenden Abend zu uns herauskam, und er sprach sich dafür aus, dass es sich um die Zähne eines Menschen handelte. Zu demselben Urteil kam auch ein oder zwei Tage später der andere Arzt. Im Rückblick erscheint es mir heute fast unerklärlich, warum ich anhand solcher Beweismittel den Fundort nicht von einem Arbeiter gründlich umgraben und durchsuchen ließ. Ich kann nur sagen, dass es so war. Ich war mir ziemlich sicher, dass jedes einzelne Wort, das man zu mir sagte und das ich hier peinlich genau wiedergegeben habe, der reinen Wahrheit entsprach, doch ich spürte eine Apathie, für die ich zu der Zeit genauso wenig eine Erklärung fand wie später. Ich hatte das vage, aber unerschütterliche Gefühl, die ganze Geschichte gehe auf natürliche Ursachen zurück. Erst einige Zeit nachdem wir das Haus

until some time after we had left the house, which, by-the-by, we afterwards found had had the reputation of being haunted before we had come to live in it, that on reconsideration I discovered the serious difficulty of accounting satisfactorily for all that had occurred upon ordinary principles. A great deal we might arbitrarily set down to imagination. But even in so doing there was, *in limine*, the oddity, not to say improbability, of so many different persons having nearly simultaneously suffered from different spectral and other illusions during the short period for which we had occupied that house, who never before, nor so far as we learned, afterwards were troubled by any fears or fancies of the sort. There were other things, too, not to be so accounted for. The odd knockings in the roof I frequently heard myself.

There were also, which I before forgot to mention, in the daytime, rappings at the doors of the sitting-rooms, which constantly deceived us; and it was not till our "come in" was unanswered, and the hall or passage outside the door was discovered to be empty, that we learned that whatever else caused them, human hands did not. All the persons who reported having seen the different persons or appearances here described by me were just as confident of having literally and distinctly seen them, as I was of having seen the hard-featured woman with the blind eye, so remarkably corresponding with Smith's description.

About a week after the discovery of the teeth, which were found, I think, about two feet under the ground, a friend, much advanced in years, and who

verlassen hatten und nach und nach herausfanden, dass es vor unserem Einzug im Ruf eines Spukhauses stand, ging mir beim erneuten Nachdenken auf, wie schwierig es war, alles Geschehene zufriedenstellend als ganz gewöhnlich und alltäglich zu erklären. Vieles könnten wir einfach der Phantasie zuschreiben, doch selbst dann wäre es, *in limine,* ungewöhnlich, wenn nicht sogar unwahrscheinlich, dass über die kurze Zeitspanne hinweg, die wir in jenem Haus lebten, so viele verschiedene Personen, die nie zuvor und, soweit wir wissen, auch danach nicht mehr von irgendwelchen Ängsten oder Phantasien dieser Art gequält wurden, fast gleichzeitig unter verschiedenen Spuk- und anderen Erscheinungen leiden sollten. Außerdem gab es noch andere Dinge, die sich nicht erklären lassen. Das seltsame Klopfen im Dach hatte ich oft genug selbst gehört.

Es wurde auch, was ich zu erwähnen vergaß, tagsüber an die Türen der Wohnzimmer geklopft, wovon wir uns jedes Mal täuschen ließen; erst nachdem auf unser «Herein» keine Reaktion folgte und die Diele oder der Gang vor der Tür sich als leer erwiesen, begriffen wir, dass das Klopfen alle möglichen Ursachen haben mochte, aber gewiss nicht von Menschenhand kam. Alle Personen, die mir berichteten, die von mir beschriebenen Gestalten oder Erscheinungen gesehen zu haben, waren sich genauso sicher, sie ganz klar und deutlich erblickt zu haben, wie ich daran glaubte, die Frau mit den harten Gesichtszügen und dem blinden Auge, die sich so bemerkenswert mit der Beschreibung von Smith deckte, gesehen zu haben.

Ungefähr eine Woche nach Entdeckung der Zähne, die sich wohl ungefähr einen halben Meter unter der Erdoberfläche befunden hatten, besuchte uns

remembered the town in which we had now taken up our abode for a very long time, happened to pay us a visit. He good-humouredly pooh-poohed the whole thing; but at the same time was evidently curious about it. "We might construct a sort of story," said I (I am giving, of course, the substance and purport, not the exact words, of our dialogue), "and assign to each of the three figures who appeared their respective parts in some dreadful tragedy enacted in this house. The male figure represents the murderer; the ill-looking, one-eyed woman his accomplice, who, we will suppose, buried the body where she is now so often seen grubbing in the earth, and where the human teeth and jawbone have so lately been disinterred; and the young woman with dishevelled tresses, and black cloak, and the bloody scar across her throat, their victim. A difficulty, however, which I cannot get over, exists in the cheerfulness, the great publicity, and the evident very recent date of the house." "Why, as to that," said he, "the house is *not* modern; it and those beside it formed an old government store, altered and fitted up recently as you see. I remember it well in my young days, fifty years ago, before the town had grown out in this direction, and a more entirely lonely spot, or one more fitted for the commission of a secret crime, could not have been imagined."

I have nothing to add, for very soon after this my physician pronounced a longer stay unnecessary for my health, and we took our departure for another place of abode. I may add, that although I have resided for considerable periods in many other

zufällig ein hochbetagter Freund, der die Stadt, in der wir uns niedergelassen hatten, schon sehr lange kannte. Er tat die Sache jovial ab, war aber gleichzeitig eindeutig neugierig. «Wir könnten uns eine Art Geschichte ausdenken», sagte ich (natürlich gebe ich nur Inhalt und Tenor unserer Unterhaltung wieder, nicht den genauen Wortlaut), «und jeder der drei Gestalten eine Rolle in einer grauenvollen Tragödie zuschreiben, die sich in diesem Haus abgespielt hat. Die männliche Gestalt gibt den Mörder; die krank wirkende einäugige Frau seine Komplizin, die, nehmen wir an, die Leiche dort vergrub, wo man sie jetzt so oft in der Erde herumwühlen sieht und die Menschenzähne und der Kiefer vor Kurzem exhumiert wurden; und die junge Frau mit den zerzausten Locken und dem schwarzen Umhang, die eine blutige Narbe am Hals hat, ist ihr Opfer. Nur der heitere, sehr offene Charakter dieses offensichtlich noch sehr neuen Hauses stellt für mich eine unlösbare Schwierigkeit dar.» «Was das betrifft: Das Haus ist *nicht* neu», sagte er. «Zusammen mit den Nachbargebäuden bildete es einen Government Store, der in jüngster Zeit umgebaut und renoviert wurde. Ich kann mich an das Gebäude noch gut aus meiner Kindheit erinnern, vor ungefähr fünfzig Jahren, bevor die Stadt sich bis hierher ausdehnte; einen entlegeneren oder für die Ausführung eines geheimen Verbrechens besser geeigneten Ort hätte man sich nicht vorstellen können.»

Dem habe ich nichts hinzuzufügen, denn bald darauf erklärte mein Arzt, dass ein längerer Aufenthalt für meine Gesundheit unnötig sei, und wir zogen an einen anderen Wohnort um. Ich sollte hinzufügen, dass ich, obwohl ich über längere Zeiträume hinweg in

houses, I never experienced any annoyances of a similar kind elsewhere; neither have I made (stupid dog! you will say), any inquiries respecting either the antecedents or subsequent history of the house in which we made so disturbed a sojourn. I was content with what I knew, and have here related as clearly as I could, and I think it a very pretty puzzle as it stands.

vielen anderen Häusern gelebt habe, nie wieder ähnliche Belästigungen erlebt habe; auch habe ich nie (dummer Esel!, werden Sie sagen) irgendwelche Nachforschungen bezüglich der Vor- oder Nachgeschichte des Hauses angestellt, in dem wir einen so unruhigen Aufenthalt hatten. Ich begnügte mich mit dem, was ich wusste, und habe es hier so deutlich wie möglich wiedergegeben. Und so scheint mir alles nach wie vor äußerst rätselhaft.

ROALD DAHL
The Landlady


Billy Weaver had travelled down from London on the slow afternoon train, with a change at Swindon on the way, and by the time he got to Bath it was about nine o'clock in the evening and the moon was coming up out of a clear starry sky over the houses opposite the station entrance. But the air was deadly cold and the wind was like a flat blade of ice on his cheeks.

"Excuse me," he said, "but is there a fairly cheap hotel not too far away from here?"

"Try The Bell and Dragon," the porter answered, pointing down the road. "They might take you in. It's about a quarter of a mile along on the other side."

Billy thanked him and picked up his suitcase and set out to walk the quartermile to The Bell and Dragon. He had never been to Bath before. He didn't know anyone who lived there. But Mr Greenslade at the Head Office in London had told him it was a splendid city.

"Find your own lodgings," he had said, "and then go along and report to the Branch Manager as soon as you've got yourself settled."

Billy was seventeen years old. He was wearing a new navy-blue overcoat, a new brown trilby hat, and a new brown suit, and he was feeling fine. He walked briskly down the street. He was trying to do everything briskly these days. Briskness, he had decided, was the one common characteristic of all successful businessmen. The big shots up at Head

Roald Dahl
Die Wirtin


Billy Weaver hatte London nachmittags mit dem Personen-
zug verlassen, war unterwegs in Swindon umgestiegen,
und als er in Bath ankam, war es etwa neun Uhr abends.
Über den Häusern am Bahnhof ging der Mond auf; der
Himmel war sternenklar, die Luft schneidend kalt, und
Billy spürte den Wind wie eine flache, eisige Klinge auf
seinen Wangen.

«Entschuldigen Sie», sagte er, «gibt es hier in der Nähe
ein nicht zu teueres Hotel?»

«Versuchen Sie's mal im *Bell and Dragon*», antwortete
der Gepäckträger und wies die Straße hinunter. «Da
können Sie vielleicht unterkommen. Es ist ungefähr eine
Viertelmeile von hier auf der anderen Seite.»

Billy dankte ihm, nahm seinen Koffer und machte sich
auf, die Viertelmeile zum *Bell and Dragon* zu gehen. Er
war noch nie in Bath gewesen und kannte niemanden im
Ort. Aber Mr Greenslade von der Firmenzentrale in London hatte ihm versichert, es sei eine herrliche Stadt.

«Suchen Sie sich ein Zimmer», hatte er gesagt, «und
wenn das erledigt ist, melden Sie sich sofort bei unserem
Filialleiter.»

Billy war siebzehn Jahre alt. Er trug einen neuen marine-
blauen Mantel, einen neuen braunen Filzhut und einen
neuen braunen Anzug. Seine Stimmung war glänzend,
und er schritt energisch aus. In letzter Zeit bemühte er
sich, alles energisch zu tun, denn seiner Ansicht nach war
Energie das hervorstechendste Kennzeichen erfolgreicher

Office were absolutely fantastically brisk all the time. They were amazing.

There were no shops on this wide street that he was walking along, only a line of tall houses on each side, all them identical. They had porches and pillars and four or five steps going up to their front doors, and it was obvious that once upon a time they had been very swanky residences. But now, even in the darkness, he could see that the paint was peeling from the woodwork on their doors and windows, and that the handsome white façades were cracked and blotchy from neglect.

Suddenly, in a downstairs window that was brilliantly illuminated by a street-lamp not six yards away, Billy caught sight of a printed notice propped up against the glass in one of the upper panes. It said BED AND BREAKFAST. There was a vase of pussy-willows, tall and beautiful, standing just underneath the notice.

He stopped walking. He moved a bit closer. Green curtains (some sort of velvety material) were hanging down on either side of the window. The pussy-willows looked wonderful beside them. He went right up and peered through the glass into the room, and the first thing he saw was a bright fire burning in the hearth. On the carpet in front of the fire, a pretty little dachshund was curled up asleep with its nose tucked into its belly. The room itself, so far as he could see in the half-darkness, was filled with pleasant furniture. There was a baby-grand piano and a big sofa and several plump armchairs; and in one corner he spotted a large parrot in a cage. Animals were usually a good sign in a place like this, Billy told himself; and all in all, it looked to him as though it would be a pretty

Geschäftsleute. Die großen Tiere in der Firmenzentrale waren immer phantastisch energiegeladen, Billy bewunderte sie sehr.

In der breiten Straße, die er entlangging, gab es keine Läden, sondern nur zwei Reihen hoher Häuser, von denen eines wie das andere aussah, alle hatten Portale und Säulen, zu den Haustüren führten vier oder fünf Stufen hinauf, zweifellos hatten hier einmal vornehme Leute gewohnt, jetzt aber bemerkte man sogar im Dunkeln, dass von den Türen und Fensterrahmen die Farbe abblätterte und die weißen Fassaden im Laufe der Jahre rissig und fleckig geworden waren.

Plötzlich fiel Billys Blick auf ein Fenster, keine sechs Meter entfernt zu ebener Erde, das von einer Straßenlaterne hell beleuchtet wurde. An einer der oberen Scheiben lehnte ein Schild. ZIMMER MIT FRÜHSTÜCK lautete die gedruckte Aufschrift. Unter dem Zettel stand eine Vase mit schönen, großen Weidenkätzchen.

Er blieb stehen. Dann trat er etwas näher. An beiden Seiten des Fensters hingen grüne Gardinen aus einem samtartigen Gewebe. Die gelben Weidenkätzchen passten wunderbar dazu. Er ging ganz dicht heran und spähte durch die Fensterscheibe ins Zimmer. Das Erste, was er sah, war der Kamin, in dem ein helles Feuer brannte. Auf dem Teppich vor dem Feuer lag ein hübscher kleiner Dackel, zusammengerollt, die Nase unter dem Bauch. Das Zimmer war, soweit Billy im Halbdunkel erkennen konnte, recht freundlich eingerichtet. Außer einem großen Sofa und mehreren schweren Lehnsesseln war noch ein Stutzflügel da, und in einer Ecke entdeckte er einen großen Papagei im Käfig. Billy sagte sich, dass Tiere eigentlich immer ein gutes Zeichen seien, und auch sonst hatte er den Eindruck, in diesem Haus

decent house to stay in. Certainly it would be more comfortable than The Bell and Dragon.

On the other hand, a pub would be more congenial than a boarding-house. There would be beer and darts in the evenings, and lots of people to talk to, and it would probably be a good bit cheaper, too. He had stayed a couple of nights in a pub once before and he had liked it. He had never stayed in any boarding-houses, and, to be perfectly honest, he was a tiny bit frightened of them. The name itself conjured up images of watery cabbage, rapacious landladies, and a powerful smell of kippers in the living-room.

After dithering about like this in the cold for two or three minutes, Billy decided that he would walk on and take a look at The Bell and Dragon before making up his mind. He turned to go.

And now a queer thing happened to him. He was in the act of stepping back and turning away from the window when all at once his eye was caught and held in the most peculiar manner by the small notice that was there. BED AND BREAKFAST, it said. BED AND BREAKFAST, BED AND BREAKFAST, BED AND BREAKFAST. Each word was like a large black eye staring at him through the glass, holding him, compelling him, forcing him to stay where he was and not to walk away from that house, and the next thing he knew, he was actually moving across from the window to the front door of the house, climbing the steps that led up to it, and reaching for the bell.

He pressed the bell. Far away in a back room he heard it ringing, and then at once – it must have been at once because he hadn't even had time to take

könne man eine anständige Unterkunft finden. Sicherlich lebte es sich hier behaglicher als im *Bell and Dragon*.

Andererseits war ein Gasthof vielleicht doch vorteilhafter als eine Pension. Da konnte man abends Bier trinken und sich mit Pfeilwerfen vergnügen, man hatte Gesellschaft, und außerdem war es gewiss erheblich billiger. Er hatte schon ein paarmal in einem Pub genächtigt und war recht zufrieden gewesen. Eine Pension dagegen kannte er nur dem Namen nach, und ehrlich gesagt hatte er ein wenig Angst davor. Schon das Wort klang nach wässerigem Kohl, habgierigen Wirtinnen und penetrantem Bücklingsgeruch im Wohnzimmer.

Nachdem Billy diese Überlegungen zwei oder drei Minuten lang in der Kälte angestellt hatte, beschloss er, zunächst einen Blick auf das *Bell and Dragon* zu werfen und sich dann endgültig zu entscheiden. Er wandte sich zum Gehen.

Da geschah ihm etwas Seltsames. Als er zurücktrat, um seinen Weg fortzusetzen, wurde sein Blick plötzlich auf höchst merkwürdige Weise von dem Zettel gefesselt, der am Fenster klebte. ZIMMER MIT FRÜHSTÜCK, las er, ZIMMER MIT FRÜHSTÜCK, ZIMMER MIT FRÜHSTÜCK, ZIMMER MIT FRÜHSTÜCK. Jedes Wort war wie ein großes schwarzes Auge, das ihn durch das Glas anstarrte, ihn festhielt, ihn zum Stehenbleiben nötigte, ihn zwang, sich nicht von dem Haus zu entfernen – und ehe er sich's versah, war er von dem Fenster zur Haustür gegangen, hatte die Stufen erklommen und die Hand nach dem Klingelknopf ausgestreckt.

Er läutete. Die Glocke schrillte in irgendeinem der hinteren Räume, und gleichzeitig – es musste gleichzeitig sein, denn er hatte den Finger noch auf dem Knopf –

his finger from the bell-button – the door swung
open and a woman was standing there. Normally
you ring the bell and you have at least a half-
minute's wait before the door opens. But this dame
was like a jack-in-the-box. He pressed the bell – and
out she popped! It made him jump.

She was about forty-five or fifty years old, and
the moment she saw him, she gave him a warm welcoming smile.

"Please come in," she said pleasantly. She stepped
aside, holding the door wide open, and Billy found
himself automatically starting forward into the house.
The compulsion or, more accurately, the desire to follow
after her into that house was extraordinarily strong.

"I saw the notice in the window," he said, holding
himself back.

"Yes, I know."

"I was wondering about a room."

"It's all ready for you, my dear," she said.
She had a round pink face and very gentle blue
eyes.

"I was on my way to The Bell and Dragon," Billy
told her. "But the notice in your window just happened to catch my eye."

"My dear boy," she said, "why don't you come in
out of the cold?"

"How much do you charge?"

"Five and sixpence a night, including breakfast."

It was fantastically cheap. It was less than half of
what he had been willing to pay.

"If that is too much," she added, "then perhaps
I can reduce it just a tiny bit. Do you desire an egg

sprang die Tür auf, und vor ihm stand eine Frau. Wenn man läutet, dauert es gewöhnlich mindestens eine halbe Minute, bevor die Tür geöffnet wird, aber diese Frau war wie ein Schachtelmännchen: Man drückte auf den Knopf, und schon sprang sie heraus! Geradezu unheimlich war das.

Sie mochte fünfundvierzig bis fünfzig Jahre alt sein, und sie begrüßte ihn mit einem warmen Willkommenslächeln.

«Bitte treten Sie näher», sagte sie freundlich. Sie hielt die Tür weit offen, und Billy ertappte sich dabei, dass er automatisch vorwärtsgehen wollte. Der Drang oder vielmehr die Begierde, ihr in dieses Haus zu folgen, war außerordentlich stark.

«Ich habe das Schild im Fenster gesehen», erklärte er, ohne die Schwelle zu überschreiten.

«Ja, ich weiß.»

«Ich suche ein Zimmer.»

«Alles ist für Sie bereit, mein Lieber», antwortete sie. Ihr Gesicht war rund und rosig, der Blick ihrer blauen Augen sehr sanft.

«Ich war auf dem Weg zum *Bell and Dragon*», berichtete Billy. «Aber dann sah ich zufällig dieses Schild in Ihrem Fenster.»

«Lieber Junge», sagte sie, «warum stehen Sie denn in der Kälte? Kommen Sie doch herein.»

«Wie viel kostet das Zimmer?»

«Fünfeinhalb für die Nacht einschließlich Frühstück.»

Das war unglaublich billig. Weniger als die Hälfte des Betrages, mit dem er gerechnet hatte.

«Wenn es zu viel ist», fügte sie hinzu, «kann ich's vielleicht auch ein bisschen billiger machen. Wollen Sie ein

for breakfast? Eggs are expensive at the moment. It would be sixpence less without the egg."

"Five and sixpence is fine," he answered. "I should like very much to stay here."

"I knew you would. Do come in."

She seemed terribly nice. She looked exactly like the mother of one's best school-friend welcoming one into the house to stay for the Christmas holidays. Billy took off his hat, and stepped over the threshold.

"Just hang it there," she said, "and let me help you with your coat."

There were no other hats or coats in the hall. There were no umbrellas, no walking-sticks – nothing.

"We have it all to ourselves," she said, smiling at him over her shoulder as she led the way upstairs. "You see, it isn't very often I have the pleasure of taking a visitor into my little nest."

The old girl is slightly dotty, Billy told himself. But at five and sixpence a night, who gives a damn about that? – "I should've thought you'd be simply swamped with applicants," he said politely.

"Oh, I am, my dear, I am, of course I am. But the trouble is that I'm inclined to be just a teeny weeny bit choosy and particular – if you see what I mean."

"Ah, yes."

"But I'm always ready. Everything is always ready day and night in this house just on the off-chance that an acceptable young gentleman will come along. And it is such a pleasure, my dear, such a very great pleasure when now and again I open the door and I see someone standing there who is just exactly

Ei zum Frühstück? Eier sind zurzeit teuer. Ohne Ei kostet es einen halben Schilling weniger.»

«Fünfeinhalb ist gut», erwiderte er. «Ich möchte gern bleiben.»

«Das habe ich mir gleich gedacht. Kommen Sie herein.»

Sie schien wirklich sehr nett zu sein. Und sie sah genauso aus wie eine Mutter, die den besten Schulfreund ihres Sohnes für die Weihnachtstage in ihrem Hause willkommen heißt. Billy nahm den Hut ab und trat ein.

«Hängen Sie ihn nur dorthin», sagte sie. «Warten Sie, ich helfe Ihnen aus dem Mantel.»

Andere Hüte oder Mäntel waren in der Diele nicht zu sehen. Auch keine Schirme, keine Spazierstöcke – nichts.

«Wir haben hier alles für uns allein», bemerkte sie und lächelte ihm über die Schulter zu, während sie ihn die Treppe hinaufführte. «Wissen Sie, ich habe nicht sehr oft das Vergnügen, einen Gast in meinem kleinen Nest zu beherbergen.»

Die Alte ist ein bisschen verdreht, dachte Billy. Aber für fünfeinhalb die Nacht kann man das schon in Kauf nehmen. «Ich hätte geglaubt, man würde Ihnen die Tür einrennen», sagte er höflich.

«So ist es, mein Lieber, so ist es natürlich auch. Die Sache ist nur so, dass ich dazu neige, ein ganz klein wenig wählerisch und eigen zu sein – wenn Sie verstehen, was ich meine.»

«O ja.»

«Aber bereit bin ich immer. Ja, ich halte Tag und Nacht alles bereit für den Fall, dass einmal ein annehmbarer junger Mann erscheint. Und es ist eine große Freude, mein Lieber, eine sehr große Freude, wenn ich hie und da die Tür aufmache und jemanden vor mir sehe, der genau richtig ist.» Sie hatte den Treppenabsatz

right." She was halfway up the stairs, and she paused with one hand on the stair-rail, turning her head and smiling down at him with pale lips.

"Like you," she added, and her blue eyes travelled slowly all the way down the length of Billy's body, to his feet, and then up again.

On the first-floor landing she said to him, "This floor is mine."

They climbed up a second flight. "And this one is all yours," she said. "Here's your room. I do hope you'll like it." She took him into a small but charming front bedroom, switching on the light as she went in.

"The morning sun comes right in the window, Mr Perkins. It is Mr Perkins, isn't it?"

"No," he said. "It's Weaver."

"Mr Weaver. How nice. I've put a water-bottle between the sheets to air them out, Mr Weaver. It's such a comfort to have a hot water-bottle in a strange bed with clean sheets, don't you agree? And you may light the gas fire at any time if you feel chilly."

"Thank you," Billy said. "Thank you ever so much." He noticed that the bedspread had been taken off the bed, and that the bedclothes had been neatly turned back on one side, all ready for someone to get in.

"I'm so glad you appeared," she said, looking earnestly into his face. "I was beginning to get worried."

"That's all right," Billy answered brightly. "You mustn't worry about me." He put his suitcase on the chair and started to open it.

"And what about supper, my dear? Did you manage to get anything to eat before you came here?"

erreicht, blieb stehen, die eine Hand auf dem Geländer, wandte den Kopf und lächelte mit blassen Lippen auf ihn herab.

«Wie Sie», setzte sie hinzu, und der Blick ihrer blauen Augen glitt langsam von Billys Kopf bis zu seinen Füßen und dann wieder hinauf.

In der ersten Etage sagte sie zu ihm: «Hier wohne ich.»

Sie stiegen noch eine Treppe höher. «Und dies ist Ihr Reich», fuhr sie fort. «Ich hoffe, Ihr Zimmer gefällt Ihnen.» Damit öffnete sie die Tür eines kleinen, aber sehr hübschen Vorderzimmers und knipste beim Eintreten das Licht an.

«Morgens scheint die Sonne direkt ins Fenster, Mr Perkins. Sie heißen doch Mr Perkins, nicht wahr?»

«Nein», sagte er. «Weaver.»

«Mr Weaver. Wie hübsch. Ich habe eine Wärmflasche ins Bett getan, damit sich die Bezüge nicht so klamm anfühlen. In einem fremden Bett mit frischer Wäsche ist eine Wärmflasche sehr angenehm, finden Sie nicht? Und falls Sie frösteln, können Sie jederzeit den Gasofen anzünden.»

«Danke», sagte Billy. «Haben Sie vielen Dank.» Er bemerkte, dass die Überdecke bereits abgenommen und die Bettdecke an einer Seite zurückgeschlagen war – er brauchte nur noch hineinzuschlüpfen.

«Ich bin so froh, dass Sie gekommen sind», beteuerte sie und blickte ihm ernst ins Gesicht. «Ich hatte mir schon Gedanken gemacht.»

«Alles in Ordnung», antwortete Billy munter. «Gar kein Grund zur Sorge.» Er legte seinen Koffer auf den Stuhl und schickte sich an, ihn zu öffnen.

«Und wie sieht's mit Abendbrot aus, mein Lieber? Haben Sie irgendwo etwas gegessen, bevor Sie herkamen?»

"I'm not a bit hungry, thank you," he said. "I think I'll just go to bed as soon as possible because tomorrow I've got to get up rather early and report to the office."

"Very well, then. I'll leave you now so that you can unpack. But before you go to bed, would you be kind enough to pop into the sitting-room on the ground floor and sign the book? Everyone has to do that because it's the law of the land, and we don't want to go breaking any laws at this stage in the proceedings, do we?" She gave him a little wave of the hand and went quickly out of the room and closed the door.

Now, the fact that his landlady appeared to be slightly off her rocker didn't worry Billy in the least. After all, she was not only harmless – there was no question about that – but she was also quite obviously a kind and generous soul. He guessed that she had probably lost a son in the war, or something like that, and had never got over it.

So a few minutes later, after unpacking his suitcase and washing his hands, he trotted downstairs to the ground floor and entered the living-room. His landlady wasn't there, but the fire was glowing in the hearth, and the little dachshund was still sleeping in front of it. The room was wonderfully warm and cosy. I'm a lucky fellow, he thought, rubbing his hands. This is a bit of all right.

He found the guest-book lying open on the piano, so he took out his pen and wrote down his name and address. There were only two other entries above his on the page, and, as one always does with guest-books, he started to read them. One was a

«Danke, ich bin wirklich nicht hungrig», sagte er. «Ich glaube, ich werde sobald wie möglich schlafen gehen, weil ich morgen beizeiten aufstehen und mich im Büro melden muss.»

«Gut, dann will ich Sie jetzt allein lassen, damit Sie auspacken können. Aber ehe Sie sich hinlegen, seien Sie doch bitte so freundlich, unten im Salon ihre Personalien ins Buch einzutragen. Das muss jeder tun, denn es ist hierzulande Gesetz, und in diesem Stadium wollen wir uns doch nach den Gesetzen richten, nicht wahr?» Sie winkte leicht mit der Hand, verließ rasch das Zimmer und schloss die Tür.

Das absonderliche Benehmen seiner Wirtin beunruhigte Billy nicht im Geringsten. Die Frau war ja harmlos – darüber bestand wohl kein Zweifel –, und zudem schien sie eine freundliche, freigebige Seele zu sein. Vermutlich hatte sie im Krieg einen Sohn verloren oder einen anderen Schicksalsschlag erlitten, über den sie nie hinweggekommen war.

Wenig später, nachdem er seinen Koffer ausgepackt und sich die Hände gewaschen hatte, ging er ins Erdgeschoss hinunter und betrat den Salon. Die Wirtin war nicht da, aber im Kamin brannte das Feuer, und davor schlief noch immer der kleine Dackel. Das Zimmer war herrlich warm und gemütlich. Da habe ich Glück gehabt, dachte Billy und rieb sich die Hände. Besser hätte ich's gar nicht treffen können.

Da das Gästebuch offen auf dem Klavier lag, zog er seinen Füllfederhalter heraus, um Namen und Adresse hineinzuschreiben. Auf der Seite standen nur zwei andere Eintragungen, und Billy las sie, wie man es bei Gästebüchern immer tut. Der eine Gast war ein gewisser

Christopher Mulholland from Cardiff. The other was Gregory W. Temple from Bristol.

"That's funny, he thought suddenly. Christopher Mulholland. It rings a bell. Now where on earth had he heard that rather unusual name before? Was he a boy at school? No. Was it one of his sister's numerous young men, perhaps, or a friend of his father's? No, no, it wasn't any of those. He glanced down again at the book.

*Christopher Mulholland, 231 Cathedral Road, Cardiff.*
*Gregory W. Temple, 27 Sycamore Drive, Bristol.*

As a matter of fact, now he came to think of it, he wasn't at all sure that the second name didn't have almost as much of a familiar ring about it as the first.

"Gregory Temple?" he said aloud, searching his memory. "Christopher Mulholland? …"

"Such charming boys," a voice behind him answered, and he turned and saw his landlady sailing into the room with a large silver tea-tray in her hands. She was holding it well out in front of her, and rather high up, as though the tray were a pair of reins on a frisky horse.

"They sound somehow familiar," he said.

"They do? How interesting."

"I'm almost positive I've heard those names before somewhere. Isn't that queer? Maybe it was in the newspapers. They weren't famous in any way, were they? I mean famous cricketers or footballers or something like that?"

"Famous," she said, setting the tea-tray down on the low table in front of the sofa. "Oh no, I don't think they were famous. But they were extraordinarily handsome,

Christopher Mulholland aus Cardiff, der andere hieß Gregory W. Temple und stammte aus Bristol.

Merkwürdig, dachte er plötzlich. Christopher Mulholland. Das klingt irgendwie bekannt. Wo in aller Welt hatte er diesen keineswegs alltäglichen Namen schon gehört? Ein Mitschüler? Nein. Vielleicht einer der vielen Verehrer seiner Schwester oder ein Freund seines Vaters? Nein, ganz gewiss nicht. Er blickte wieder in das Buch.

*Christopher Mulholland, 231 Cathedral Road, Cardiff.*
*Gregory W. Temple, 27 Sycamore Drive, Bristol.*

Wenn er es recht bedachte, hatte der zweite Name einen fast ebenso vertrauten Klang wie der erste.

«Gregory Temple», sagte er laut vor sich hin, während er in seinem Gedächtnis suchte. «Christopher Mulholland …»

«So reizende junge Leute», hörte er eine Stimme hinter sich. Er fuhr herum und sah seine Wirtin ins Zimmer segeln. Sie trug ein großes silbernes Tablett, das sie weit vor sich hielt und ziemlich hoch, als hätte sie die Zügel eines lebhaften Pferdes in den Händen.

«Die Namen kommen mir so bekannt vor», sagte er.

«Wirklich? Wie interessant.»

«Ich möchte schwören, dass ich sie irgendwoher kenne. Ist das nicht sonderbar? Vielleicht aus der Zeitung. Handelt es sich etwa um berühmte Persönlichkeiten? Kricketspieler, Fußballer oder dergleichen?»

«Berühmt…» Sie stellte das Teetablett auf den niedrigen Tisch vor dem Sofa. «Ach nein, berühmt waren sie wohl nicht. Aber sie waren ungewöhnlich hübsch, alle beide, das

both of them, I can promise you that. They were tall and young and handsome, my dear, just exactly like you."

Once more, Billy glanced down at the book. "Look here," he said, noticing the dates.

"This last entry is over two years old."

"It is?"

"Yes, indeed. And Christopher Mulholland's is nearly a year before that – more than three years ago."

"Dear me," she said, shaking her head and heaving a dainty little sigh. "I would never have thought it. How time does fly away from us all, doesn't it, Mr Wilkins?"

"It's Weaver," Billy said. "W-e-a-v-e-r."

"Oh, of course it is!" she cried, sitting down on the sofa. "How silly of me. I do apologise. In one ear and out the other, that's me, Mr Weaver."

"You know something?" Billy said. "Something that's really quite extraordinary about all this?"

"No, dear, I don't."

"Well, you see – both of these names, Mulholland and Temple, I not only seem to remember each one of them separately, so to speak, but somehow or other, in some peculiar way, they both appear to be sort of connected together as well. As though they were both famous for the same sort of thing, if you see what I mean – like ... like Dempsey and Tunney, for example, or Churchill and Roosevelt."

"How amusing," she said. "But come over here now, dear, and sit down beside me on the sofa and I'll give you a nice cup of tea and a ginger biscuit before you go to bed."

"You really shouldn't bother," Billy said. "I didn't mean you to do anything like that." He stood by

kann ich Ihnen versichern. Groß, jung und hübsch, mein Lieber, genau wie Sie.»

Billy beugte sich von Neuem über das Buch. «Nanu», rief er, als sein Blick auf die Daten fiel.

«Die letzte Eintragung ist ja mehr als zwei Jahre alt.»

«So?»

«Tatsächlich. Und Christopher Mulholland hat sich fast ein Jahr früher eingeschrieben – also vor gut drei Jahren.»

«Du meine Güte», sagte sie kopfschüttelnd mit einem gezierten kleinen Seufzer. «Das hätte ich nie gedacht. Wie doch die Zeit verfliegt, nicht wahr, Mr Wilkins?»

«Ich heiße Weaver», verbesserte Billy. «W-e-a-v-e-r.»

«O ja, natürlich!» Sie setzte sich auf das Sofa. «Wie dumm von mir. Entschuldigen Sie bitte. Zum einen Ohr hinein, zum anderen hinaus, so bin ich nun mal, Mr Weaver.»

«Wissen Sie», sagte Billy, «was bei alledem höchst merkwürdig ist?»

«Nein, was denn, mein Lieber?»

«Ja, sehen Sie, mit diesen beiden Namen – Mulholland und Temple – verbinde ich nicht nur die Vorstellung von zwei Menschen, die sozusagen unabhängig voneinander existieren, sondern mir scheint auch, dass sie auf irgendeine Art und Weise zusammengehören. Als wären sie beide auf demselben Gebiet bekannt, wenn Sie verstehen, was ich meine – etwa wie … ja … wie Dempsey und Tunney oder wie Churchill und Roosevelt.»

«Sehr amüsant», sagte sie. «Aber kommen Sie, mein Lieber, setzen Sie sich zu mir aufs Sofa. Sie sollen eine Tasse Tee trinken und einen Ingwerkeks essen, bevor Sie zu Bett gehen.»

«Bemühen Sie sich doch nicht», protestierte Billy. «Machen Sie bitte meinetwegen keine Umstände.» Er lehnte

the piano, watching her as she fussed about with the cups and saucers. He noticed that she had small, white, quickly moving hands, and red finger-nails.

"I'm almost positive it was in the newspapers I saw them," Billy said. "I'll think of it in a second. I'm sure I will."

There is nothing more tantalising than a thing like this which lingers just outside the borders of one's memory. He hated to give up.

"Now wait a minute," he said. "Wait just a minute. Mulholland … Christopher Mulholland … wasn't that the name of the Eton schoolboy who was on a walking-tour through the West Country, and then all of a sudden …"

"Milk?" she said. "And sugar?"

"Yes, please. And then all of a sudden …"

"Eton schoolboy?" she said. "Oh no, my dear, that can't possibly be right because my Mr Mulholland was certainly not an Eton schoolboy when he came to me. He was a Cambridge undergraduate. Come over here now and sit next to me and warm yourself in front of this lovely fire. Come on. Your tea's all ready for you." She patted the empty place beside her on the sofa, and she sat there smiling at Billy and waiting for him to come over.

He crossed the room slowly, and sat down on the edge of the sofa. She placed his teacup on the table in front of him.

"There we are," she said. "How nice and cosy this is, isn't it?"

Billy started sipping his tea. She did the same. For half a minute or so, neither of them spoke. But Billy knew that she was looking at him. Her body

am Klavier und sah zu, wie sie eifrig mit den Tassen und Untertassen hantierte. Sie hatte kleine, weiße, sehr bewegliche Hände mit roten Fingernägeln.

«Ich bin überzeugt, dass ich die Namen in der Zeitung gelesen habe», fuhr Billy fort. «Gleich wird's mir einfallen. Ganz bestimmt.»

Es gibt nichts Quälenderes, als einer Erinnerung nachzujagen, die einem immer wieder entschlüpft. Er mochte nicht aufgeben.

«Warten Sie einen Moment», murmelte er. «Nur einen Moment. Mulholland ... Christopher Mulholland ... war das nicht der Eton-Schüler, der eine Wanderung durch Westengland machte und der dann plötzlich ...»

«Milch?», fragte sie. «Und Zucker?»

«Ja, bitte. Und der dann plötzlich ...»

«Eton-Schüler?», wiederholte sie. «Ach nein, mein Lieber, das kann nicht stimmen, denn mein Mr Mulholland war damals bestimmt kein Eton-Schüler. Er studierte in Cambridge. Na, wollen Sie denn nicht herkommen und sich an dem schönen Feuer wärmen? Nur zu, ich habe Ihnen schon Tee eingeschenkt.» Sie klopfte leicht auf den Platz an ihrer Seite und schaute Billy erwartungsvoll lächelnd an.

Er durchquerte langsam das Zimmer und setzte sich auf die Sofakante. Sie stellte die Teetasse vor ihn hin.

«So ist's recht», sagte sie. «Wie hübsch und gemütlich das ist, nicht wahr?»

Billy trank seinen Tee, und auch sie nahm ein paar kleine Schlucke. Eine Zeit lang sprachen die beiden kein Wort. Aber Billy wusste, dass sie ihn ansah. Sie hatte sich

was half-turned towards him, and he could feel her eyes resting on his face, watching him over the rim of her teacup. Now and again, he caught a whiff of a peculiar smell that seemed to emanate directly from her person. It was not in the least unpleasant, and it reminded him – well, he wasn't quite sure what it reminded him of. Pickled walnuts? New leather? Or was it the corridors of a hospital?

"Mr Mulholland was a great one for his tea," she said at length. "Never in my life have I seen anyone drink as much tea as dear, sweet Mr Mulholland."

"I suppose he left fairly recently," Billy said. He was still puzzling his head about the two names. He was positive now that he had seen them in the newspapers – in the headlines.

"Left?" she said, arching her brows. "But my dear boy, he never left. He's still here. Mr Temple is also here. They're on the third floor, both of them together."

Billy set down his cup slowly on the table, and stared at his landlady. She smiled back at him, and then she put out one of her white hands and patted him comfortingly on the knee. "How old are you, my dear?" she asked.

"Seventeen."

"Seventeen!" she cried. "Oh, it's the perfect age! Mr Mulholland was also seventeen. But I think he was a trifle shorter than you are, in fact I'm sure he was, and his teeth weren't quite so white. You have the most beautiful teeth, Mr Weaver, did you know that?"

"They're not as good as they look," Billy said. "They've got simply masses of fillings in them at the back."

ihm halb zugewandt, und er spürte, wie sie ihn über den Tassenrand hinweg beobachtete. Hin und wieder streifte ihn wie ein Hauch ein eigenartiger Geruch, der unmittelbar von ihr auszugehen schien und der keineswegs unangenehm war. Ein Duft, der Billy an irgendetwas erinnerte – er konnte nur nicht sagen, an was. Eingemachte Walnüsse? Neues Leder? Oder die Korridore im Krankenhaus?

Schließlich brach sie das Schweigen. «Mr Mulholland war ein großer Teetrinker. Nie im Leben habe ich jemanden so viel Tee trinken sehen wie den lieben Mr Mulholland.»

«Ich nehme an, er ist erst vor Kurzem ausgezogen», meinte Billy, der noch immer an den beiden Namen herumrätselte. Er war jetzt ganz sicher, dass er sie in der Zeitung gelesen hatte – in den Schlagzeilen.

«Ausgezogen?» Sie hob erstaunt die Brauen. «Aber nein, lieber Junge, er ist gar nicht ausgezogen. Er wohnt noch hier. Mr Temple auch. Sie sind beide im dritten Stock untergebracht.»

Billy stellte die Tasse vorsichtig auf den Tisch und starrte seine Wirtin an. Sie lächelte, streckte eine ihrer weißen Hände aus und klopfte ihm beruhigend aufs Knie. «Wie alt sind Sie, mein Freund?»

«Siebzehn.»

«Siebzehn!», rief sie. «Ach, das ist das schönste Alter! Mr Mulholland war auch siebzehn. Aber ich glaube, er war ein wenig kleiner als Sie, ja, bestimmt war er kleiner, und seine Zähne waren nicht ganz so weiß wie Ihre. Sie haben wunderschöne Zähne, Mr Weaver, wissen Sie das?»

«So gut, wie sie aussehen, sind sie gar nicht», sagte Billy. «Im hinteren Bereich haben sie eine Menge Füllungen.»

"Mr Temple, of course, was a little older," she said, ignoring his remark. "He was actually twenty eight. And yet I never would have guessed it if he hadn't told me, never in my whole life. There wasn't a blemish on his body."

"A what?" Billy said.

"His skin was just like a baby's."

There was a pause. Billy picked up his teacup and took another sip of his tea, then he set it down again gently in its saucer. He waited for her to say something else, but she seemed to have lapsed into another of her silences. He sat there staring straight ahead of him into the far corner of the room, biting his lower lip.

"That parrot," he said at last. "You know something? It had me completely fooled when I first saw it through the window from the street. I could have sworn it was alive."

"Alas, no longer."

"It's most terribly clever the way it's been done," he said. "It doesn't look in the least bit dead. Who did it?"

"I did."

"You did?"

"Of course," she said. "And have you met my little Basil as well?" She nodded towards the dachshund curled up so comfortably in front of the fire. Billy looked at it. And suddenly he realised that this animal had all the time been just as silent and motionless as the parrot. He put out a hand and touched it gently on the top of its back. The back was hard and cold, and when he pushed the hair to one side with his fingers, he could see the skin

«Mr Temple war natürlich etwas älter», erzählte sie weiter. «Er war schon achtundzwanzig. Aber wenn er mir das nicht verraten hätte, wäre ich nie darauf gekommen, nie im Leben. Sein Körper war ganz ohne Makel.»

«Ohne was?», fragte Billy.

«Er hatte eine Haut wie ein Baby. Genau wie ein Baby.»

Es entstand eine Pause. Billy nahm seine Tasse, trank einen Schluck und setzte sie behutsam auf der Untertasse ab. Er wartete auf irgendeine Bemerkung seiner Wirtin, aber sie hüllte sich wieder in Schweigen. So saß er denn da, blickte unentwegt in die gegenüberliegende Zimmerecke und nagte an seiner Unterlippe.

«Der Papagei dort», sagte er schließlich. «Wissen Sie, als ich ihn zuerst durchs Fenster sah, bin ich tatsächlich darauf hereingefallen. Ich hätte schwören können, dass er lebt.»

«Leider nicht mehr.»

«Eine ausgezeichnete Arbeit», bemerkte Billy. «Wirklich, er sieht nicht im Geringsten tot aus. Wer hat ihn denn ausgestopft?»

«Ich.»

«Sie?»

«Natürlich», bestätigte sie. «Haben Sie schon meinen kleinen Basil gesehen?» Sie deutete mit einer Kopfbewegung auf den Dackel, der so behaglich zusammengerollt vor dem Kamin lag. Billy schaute hin, und plötzlich wurde ihm klar, dass sich das Tier die ganze Zeit ebenso stumm und unbeweglich verhalten hatte wie der Papagei. Er streckte die Hand aus. Der Rücken des Hundes, den er vorsichtig berührte, war hart und kalt, und als er mit den Fingern das Haar beiseiteschob,

underneath, greyish-black and dry and perfectly preserved.

"Good gracious me, " he said. "How absolutely fascinating." He turned away from the dog and stared with deep admiration at the little woman beside him on the sofa. "It must be most awfully difficult to do a thing like that."

"Not in the least," she said. "I stuff all my little pets myself when they pass away. Will you have another cup of tea?"

"No, thank you," Billy said. The tea tasted faintly of bitter almonds, and he didn't much care for it.

"You did sign the book, didn't you?"

"Oh, yes."

"That's good. Because later on, if I happen to forget what you were called, then I can always come down here and look it up. I still do that almost every day with Mr Mulholland and Mr ... Mr ..."

"Temple," Billy said. "Gregory Temple. Excuse my asking, but haven't there been any other guests here except them in the last two or three years?"

Holding her teacup high in one hand, inclining her head slightly to the left, she looked up at him out of the corners of her eyes and gave him another gentle little smile.

"No, my dear," she said. "Only you."

sah er darunter die trockene, gut konservierte, schwarz-graue Haut.

«Du lieber Himmel», rief er, «das ist ja phantastisch!» Er wandte sich von dem Hund ab und blickte voller Bewunderung die kleine Frau an, die neben ihm auf dem Sofa saß. «So etwas muss doch unglaublich schwierig sein.»

«Durchaus nicht», erwiderte sie. «Ich stopfe alle meine kleinen Lieblinge aus, wenn sie von mir gehen. Möchten Sie noch eine Tasse Tee?»

«Nein, danke», sagte Billy. Der Tee schmeckte ein wenig nach bitteren Mandeln, und das mochte er nicht.

«Sie haben sich in das Buch eingetragen, nicht wahr?»

«Ja, gewiss.»

«Dann ist es gut. Weil ich später, falls ich Ihren Namen einmal vergessen sollte, immer herunterkommen und im Buch nachschlagen kann. Das tue ich fast täglich mit Mr Mulholland und Mr … Mr …»

«Temple», ergänzte Billy. «Gregory Temple. Entschuldigen Sie, aber haben Sie denn außer den beiden in den letzten zwei, drei Jahren gar keine anderen Gäste gehabt?»

Sie hielt die Tasse hoch in der Hand, neigte den Kopf leicht nach links, blickte aus den Augenwinkeln zu ihm auf, lächelte ihn freundlich an und sagte:

«Nein, lieber Freund. Nur Sie.»

M. R. JAMES (für Montague Rhodes James) wurde 1862 in
Goodnestone in der englischen Grafschaft Kent geboren
und starb 1939 in Eton. Der Historiker war lange Jahre
Direktor des Eton College und als Wissenschaftler Spezia-
list für mittelalterliche Handschriften. Nebenbei schrieb
er Geistergeschichten, die in England mittlerweile zu den
Klassikern des Genres gehören. Viele seiner Erzählungen
wurden verfilmt, unter anderem für die englische Kult-TV-
Serie «Mystery and Imagination» in den Sechzigerjahren.
    ‹Lost Hearts› aus: M. R. James, Ghost Stories of an An-
tiquary, London 1904. Deutsche Übersetzung von Anne
Rademacher.

H. G. WELLS (für Herbert George Wells), 1866 bei London
geboren, gilt mit seinen beiden bekannten Romanen ‹Die
Zeitmaschine› und ‹Krieg der Welten› als Pionier der
Science-Fiction-Literatur. Er studierte unter dem Darwi-
nisten Th. H. Huxley Biologie, wurde Journalist und einer
der meistgelesenen Schriftsteller seiner Zeit. Sein Gesamt-
werk umfasst etwa hundert Bände, von Schriften zur
Biologie, Zeitgeschichte, der Politik und Philosophie bis
zu den Romanen und Erzählungen, die seinen Weltruhm
begründeten. Er starb 1946 in London.
    ‹The Red Room› aus: H. G. Wells, The Country of the
Blind and Other Stories, London 1911. Abdruckgenehmi-
gung durch A P Watt Ltd, London
    ‹Das rote Zimmer› aus: H. G. Wells, Der Apfel vom
Baum der Erkenntnis. Erzählungen, Wien 1980, hier in der
Übersetzung von Anne Rademacher.

SAKI ist das Pseudonym des englischen Schriftstellers und Journalisten Hector Hugh Munro. Geboren 1870 als Sohn eines Polizeioffiziers in Burma, wuchs er bei strengen Tanten in England auf. Nach einigen Jahren im burmesischen Polizeidienst ging er aus gesundheitlichen Gründen zurück nach England, wo er lange Jahre als Auslandsreporter für mehrere Londoner Zeitungen arbeitete. Einen Namen machte er sich mit geistreich-bissigen, manchmal auch makabren Kurzgeschichten, in denen er die menschliche Dummheit und die erstarrten Konventionen der englischen „besseren" Gesellschaft aufs Korn nahm. Saki fiel 1916 während des 1. Weltkriegs in Frankreich.

‹The Open Window› aus: H.H. Munro (Saki), Beasts and Super-Beasts, London 1914. Deutsche Übersetzung von Anne Rademacher.

JOSEPH SHERIDAN LE FANU (1814-1873) stammt aus einer anglo-irischen Familie französischen Ursprungs. Nach einem Jurastudium arbeitete er als Journalist in Dublin und verfasste nebenher ein umfangreiches und vielschichtiges literarisches Werk. Bekannt ist er heute vor allem für seine Geistergeschichten und psychologisch raffinierten Erzählungen, darunter die berühmte Vampirgeschichte ‹Carmilla›. Nach dem Tod seiner Frau im Jahr 1858 zog er sich zurück und verbrachte die letzten Lebensjahre allein in seinem riesigen Haus in Dublin.

‹An Authentic Narrative of a Haunted House› aus: J. S. Le Fanu's Ghostly Tales, Bd. 2 (1851). Deutsch von Anne Rademacher.

ROALD DAHL wurde 1916 in Llandaff bei Cardiff in Wales
als Sohn norwegischer Eltern geboren. Nach einer kauf-
männischen Lehre bei der Shell Oil Company in London
arbeitete er länger in Tanganjika. Im Zweiten Weltkrieg
war er Pilot der Royal Air Force, wurde aber nach einer
schweren Verwundung bis Kriegsende als stellvertretender
Luftwaffenattaché an die britische Botschaft in Washington
versetzt. Anschließend lebte Dahl abwechselnd in den USA
und in England als Drehbuchautor, Publizist und freier
Schriftsteller. Berühmt wurde er mit Kinderbüchern wie
‹Der fantastische Mr. Fox›, ‹Matilda› oder ‹Charlie und die
Schokoladenfabrik› und Erzählsammlungen wie ‹Küsschen, Küsschen!› Vielen gilt er als Meister des schwarzen
englischen Humors. Roald Dahl starb am 21. November
1990 in der Nähe von London.

‹The Landlady› aus: Roald Dahl, Kiss, Kiss, London 1960
© 1959 Roald Dahl Nominee Ltd, London
‹Die Wirtin› aus: Roald Dahl, Küsschen, Küsschen. 11
ungewöhnliche Geschichten. Reinbek 1968ff. Deutsche
Übersetzung von Wolfheinrich von der Mülbe. Die Übersetzung wurde für diese zweisprachige Ausgabe an einigen
Stellen leicht verändert.
© 1962 Rowohlt Verlag Taschenbuch GmbH, Reinbek
bei Hamburg

Von Anne Rademacher sind in der Reihe dtv zweisprachig folgende Bände erschienen:

Crime Classics. Krimiklassiker von Edgar Wallace
(dtv 9462)
It's quite easy. Einfach Englisch lesen (dtv 9480)
Merry Christmas. Frohe Weihnachten (dtv 9472)
È proprio facile. Einfach Italienisch lesen (dtv 9493, zus. mit Lia Roncoroni)

Desweiteren in der Reihe dtv zweisprachig in englisch-deutschem Paralleldruck:

Lektüre für Einsteiger mit leicht zu lesenden Texten, etwa First Reader. Erste englische Lesestücke (dtv 9252)
Snapshots of Britain. England in kleinen Geschichten (dtv 9505) English Jokes. Englische Witze (dtv 9484)

Autorenbände von Jane Austen, Lewis Carroll, Charles Dickens, James Joyce, Mark Twain, J. R. R. Tolkien oder Oscar Wilde

Krimi-Anthologien mit Autoren wie Margery Allingham, Agatha Christie, Arthur Conan Doyle, Graham Greene oder Dorothy Sayers und jede Menge Geschichten amerikanischer, englischer und irischer Autoren in zahlreichen weiteren Textsammlungen

Bitte fordern Sie unseren Prospekt an unter
zweisprachig@dtv.de oder besuchen Sie uns im Internet
unter www.dtv.de
Deutscher Taschenbuch Verlag
Friedrichstraße 1a
80801 München